ANSELM GRÜN

Leben
– nicht nur am
Wochenende

ANSELM GRÜN

Leben
– nicht nur am Wochenende

Wie Arbeit lebendig macht

Vier-Türme-Verlag

Bibliografische Information der Deutschen Nationalbibliothek

Die Deutsche Nationalbibliothek verzeichnet diese Publikation in der Deutschen Nationalbibliografie. Detaillierte bibliografische Daten sind im Internet über http://dnb.d-nb.de abrufbar.

1. Auflage 2018
© Vier-Türme GmbH, Verlag, Münsterschwarzach 2018
Alle Rechte vorbehalten

Lektorat: Andrea Langenbacher
Umschlaggestaltung: Stefan Weigand, wunderlichundweigand
Umschlagmotiv: © marie maerz / photocase.com
Druck und Bindung: CPI Books GmbH, Leck
ISBN 978-3-7365-0131-7

www.vier-tuerme-verlag.de

Teamarbeit 109

Gleichgewicht 135

Zitierte Quellen 157

Vorwort

Junge Menschen am Anfang ihrer Berufslaufbahn machen sich viele Gedanken über ihre zukünftige Arbeit. Dabei kommen immer auch Ängste hoch, wie wohl die Arbeitssituation sein wird, in die sie hineinkommen, und ob sie ihr gewachsen sein werden. Die, die schon lange arbeiten, erleben, wie der Druck bei der Arbeit zunimmt und das Klima in vielen Firmen immer kälter und unmenschlicher wird. Sie fragen sich, wie sie in der kalten Umgebung noch Menschen mit einem warmen Herzen bleiben können.

Wie können wir Mensch bleiben bei unserer Arbeit und in der heutigen Arbeitswelt bestehen? Und wie sollen wir als Christen die Arbeit verstehen? Gibt es eine christliche Arbeitsethik oder müssen wir uns einfach den Gesetzen der Arbeitswelt unterwerfen?

Vielen Menschen wird die Arbeit immer mehr zu einer Last. Sie haben Angst, die Freude an der Arbeit zu verlieren und unter dem Druck der Anforderungen zusammenzubrechen. Auch konkrete Probleme bei der Arbeit können belastend sein. Etwa die Frage, wie man mit schwierigen Mitarbeitern zusammenarbeiten kann oder wie man mit einem schwierigen Chef zurechtkommt.

Im zweiten Thessalonicherbrief mahnt Paulus die Christen:

Arbeitet in Ruhe!
2 Thessalonicher 3,12

Heute würden nur wenige Menschen sagen, dass sie in Ruhe ihrer Arbeit nachgehen können. Oft sollen immer weniger Angestellte die gleiche Arbeit leisten wie vorher. Der Druck wird immer größer, viele fühlen sich überfordert. Das zeigt sich am steigenden Krankenstand und an dem Phänomen Burn-out, unter dem heute viele leiden.

Der heilige Benedikt hat das Arbeitsethos, das bei Paulus aufscheint, in das konkrete Leben der Mönche übersetzt. Er fordert seine Mönche auf, von ihrer eigenen Hände Arbeit zu leben. Das verlangt oft Mühe und Anstrengung. Doch vom Cellerar, der die wirtschaftliche Leitung des Klosters innehat, verlangt er: Er solle immer auf seine Seele achten und sein Amt mit innerer Ruhe verwalten (Regel Benedikts 31,8 und 17). Benedikt spricht hier von »aequo animo«: Der Cellerar soll eine ausgeglichene innere Stimmung haben und mit Gleichmut, innerer Ruhe und innerem Frieden seine Arbeit verrichten. Diesen inneren Frieden kann der Cellerar finden, indem er auf der einen Seite seine Aufgabe so organisiert, dass er sich selbst nicht überfordert. Auf der anderen Seite braucht es eine spirituelle Arbeit an sich selbst, um mit innerem Gleichmut den Anstrengungen der Klosterführung gewachsen zu sein. Für viele, die unter den Anforderungen des Arbeitsalltags stöhnen, erscheinen diese Gedanken, die Benedikt vor

1500 Jahren in seine Regel aufgenommen hat, fremd und wenig nachvollziehbar. Wie sollen sie Ruhe finden, wenn sie ständigen Erwartungen ausgesetzt sind, in der Firma, in der Familie, in der kirchlichen Gemeinschaft?

Benedikt hat die Verbindung von Gebet und Arbeit als das eigentliche Ziel des geistlichen Lebens gesehen. »Ora et labora« gilt als die Grunddevise der Benediktiner. Das meint nicht nur eine äußere Verbindung und ein zeitlich ausgewogenes Maß an Gebet und Arbeit. Es geht vor allem um eine innere Verbindung. Wenn uns das innere Miteinander von Gebet und Arbeit gelingt, dann könnten wir auch heute »mit innerer Ruhe« arbeiten. Allerdings sind die heutigen Bedingungen nicht förderlich, das benediktinische »ora et labora« in unserer Arbeit zu leben. Deshalb geht es in diesem Buch nicht nur um die persönlichen Voraussetzungen, wie wir Gebet und Arbeit miteinander verbinden können. Es geht auch um strukturelle Bedingungen, die eine solche Verbindung möglich machen. Wenn von den Führungskräften nur Druck ausgeht, wenn man den Sinn der Arbeit nicht mehr erkennt, wenn alles immer schneller gehen soll, dann ist es nicht leicht, innerlich ruhig zu arbeiten. Daher müssen sich auch Unternehmen bemühen, ein entsprechendes Klima zu schaffen. Es ist ein Klima des Vertrauens notwendig. In so einem Klima arbeiten die Menschen gerne. Und sie arbeiten auch viel. Aber sie fühlen sich nicht kontrolliert oder unter Druck gesetzt.

Das benediktinische »ora et labora« prägte die Arbeitsethik des christlichen Mittelalters. Von dieser Arbeitsethik könnten wir auch heute noch lernen. Natürlich sind die Voraussetzungen heute anders als zur Zeit des heiligen Benedikt. Doch dass Gebet und Arbeit, Innehalten und Nach-außen-Gehen, Bewegung und Ruhe, Leben und Beruf miteinander in Einklang kommen sollen, das ist auch heute ein wichtiges Anliegen. Heute spricht man von Work-Life-Balance. Benedikt meint, dass das Gebet die Quelle ist, aus der die Arbeit strömt. Und umgekehrt ist die Arbeit ein Test, ob unser Gebet echt ist, ob wir in unserem Gebet wirklich frei werden von unserem Ego, um uns auf Gott und auf die Arbeit einlassen zu können. Doch was meint Gebet für den modernen Menschen, der nicht unbedingt fromm ist? Gebet im weiteren Sinn meint: Zeit zum Innehalten haben, Zeit, in der ich zur Ruhe komme, in der ich die Arbeit unterbreche, um ganz bei mir zu sein. Ein guter Weg des Innehaltens geht über Rituale. Rituale sind kleine, sich wiederholende Tätigkeiten, die zur Gewohnheit werden können. Rituale sind Übungen. Ich mache zum Beispiel am Morgen folgende Übung: Ich stelle mich hin, erhebe meine Hände zum Segen und lass den Segen zu den Menschen strömen, mit denen und für die ich an diesem Tag arbeiten werde. Ich mache es mir zur Gewohnheit, vor jeder Besprechung kurz innezuhalten und Gott um den Segen für das Treffen zu bitten. Es gibt persönliche Rituale, persönliche Gewohnheiten. Es gibt aber auch gemeinsame Rituale, die die Kultur einer Firma prägen, das Ritual, die Geburtstage der Mitarbeiter zu feiern. Andere Rituale sind Formen der Begrüßung oder Formen, die Arbeit zu beginnen und zu beenden.

Dass die Verbindung von »ora et labora« auch in dem weltlichen Bereich der Arbeit sinnvoll ist, zeigen betriebswirtschaftliche Untersuchungen. Firmen, die gute Rituale pflegen, sind wirtschaftlich erfolgreicher. Das mag paradox erscheinen. Denn Rituale erfordern Zeit. Wenn wir zum Beispiel beim Geburtstag eines Mitarbeiters miteinander Kaffee trinken, dem Mitarbeiter gratulieren und seine Mitarbeit in der Firma würdigen, dann kostet das Zeit. Aber Rituale sind eben der Ort, an dem Gefühle geäußert werden, die sonst nicht zum Ausdruck kommen. Wenn in einem Ritual diese Emotionen ausgedrückt werden, dann sind sie eine Quelle von Energie. Die Emotionen bewegen die Mitarbeiter, gerne und mit vollem Einsatz zu arbeiten. Und Rituale schaffen eine Firmenidentität. Man spürt, dass es da um mehr geht als um die Effektivität der Arbeit. Rituale schaffen eine heilige Zeit. Und diese heilige Zeit, die sich die Mitarbeiter in einer Firma gönnen, verwandelt auch die übrige Zeit. Sie bewahrt uns davor, von der Zeit (chronos) aufgefressen zu werden, und schenkt uns eine angenehme Zeit (kairos). Rituale durchbrechen die Arbeit und lassen mitten im Arbeitsalltag etwas aufscheinen von Sinn, von Transzendenz, von Liebe und Achtung. Das motiviert die Menschen mehr als Druck von oben oder die Angstmache, mit denen manche Chefs meinen, ihre Mitarbeiter zu mehr Anstrengung anstacheln zu können.

Wir müssen immer an beiden Schrauben drehen: an der Schraube der äußeren Organisation der Arbeit und der Schaffung eines gesunden Arbeitsklimas, und an der Schraube der persönlichen Spiritualität. Auch wenn die äußeren Verhältnisse nicht ideal sind, kann ich mich im Gebet immer wieder zurückziehen in den inneren Raum der Stille. Dieser Raum der Stille hält mich nicht von der Arbeit ab, sondern befähigt mich, mitten in einer lärmenden und hektischen Atmosphäre die innere Ruhe zu bewahren. Wenn wir die Arbeit aus einer spirituellen Kraftquelle heraus vollziehen, dann wird unsere Arbeit zum Segen für uns und für die Menschen, für die wir arbeiten.

Die Bilder der biblischen Geschichten wollen uns die Augen öffnen, dass wir nicht pessimistisch auf die Arbeit schauen, die uns erwartet oder in der wir gerade stecken, sondern hoffnungsvoll. Die Bibel will uns nicht dazu verführen, mit einer rosaroten Brille auf unsere Arbeit zu schauen, sondern mit einem realistischen Blick. Aber dieser realistische Blick ist immer auch ein Blick der Hoffnung. Er lässt uns in der gegenwärtigen Arbeitssituation Wege entdecken, wie wir die Arbeit so bewältigen können, dass sie für uns und für die Welt Segen bringt. Die 25 biblischen Bilder wollen uns davor bewahren, uns von der Arbeit erdrücken zu lassen. Sie verweisen uns auf die inneren Quellen, aus denen wir schöpfen können, um nicht erschöpft zu werden durch die täglichen Mühen. Daher ist mir das benediktinische »ora et labora« so wichtig. Es geht uns darum, die Spiritualität als wichtige Quelle für unsere Arbeit zu beschreiben. Das Gebet hilft uns, uns ganz auf die Arbeit einzulassen, ohne von ihr erdrückt zu werden. Denn es bringt uns in Berührung mit der inneren Quelle des Heiligen Geistes, die nie versiegt. Wenn wir aus dieser Quelle arbeiten, dann verwandelt das unsere Arbeit. Sie ist nicht mehr nur Last oder Pflicht, sondern wird auch zu einem Ausdruck unserer Spiritualität, zu einem Ausdruck der Liebe und Hingabe.

Bilder sind da, um meditiert zu werden und sich in uns einzubilden. Das Buch möchte Sie, liebe Leserin, lieber Leser, einladen, die biblischen Bilder anzuschauen und dann immer wieder einen Blick auf Ihre Arbeit zu werfen. Indem Sie Ihre konkrete Arbeitssituation mit einem biblischen Bild in Verbindung bringen, werden Sie neue Wege für sich entdecken, wie Sie mit Schwierigkeiten umgehen und einen Sinn in Ihrer Arbeit erkennen können. Die biblischen Bilder wollen Licht in unser Leben bringen. Bilder sind mehr als Erfahrungen der Vergangenheit. Sie öffnen uns ein Fenster, um auf die Wirklichkeit sehen zu können. Oft genug schauen heute die Menschen durch dunkle und getrübte Fensterscheiben auf ihr Leben. Die Bibel will die Fensterscheiben reinigen, damit Licht durch sie hindurchdringen kann und wir im Licht der Bibel unsere Arbeitssituation neu bewerten lernen.

Zu den biblischen Bildern habe ich Worte aus der Regel Benedikts zitiert und sie so ausgelegt, dass sie für uns heute einen gangbaren Weg aufzeigen, wie wir Gebet und Arbeit miteinander verbinden können. Die Regel Benedikts ist genauso wie die Bibel in einer uns oft fremden Sprache geschrieben. Bibel und Regel brauchen daher eine Auslegung. Aber wenn wir die alten Worte im Licht unserer heutigen Erfahrungen sehen, dann entdecken wir in ihnen eine große Weisheit. Und diese Weisheit kann uns heute helfen, unsere Arbeitssituation mit neuen Augen zu sehen und mit ihnen so umzugehen, dass sie uns nicht bedrückt, sondern herausfordert, menschlich und spirituell zu wachsen.

So wünsche ich Ihnen, liebe Leserin, lieber Leser, dass Sie sich durch die biblischen Bilder und die Texte aus der Regel Benedikts anregen lassen, Ihre konkrete Arbeitssituation auf eine neue und tiefere Weise zu verstehen und für sich neue Wege zu finden, damit zurechtzukommen. Und ich wünsche Ihnen, dass Ihre Arbeit von Gott gesegnet ist und Ihnen und den Menschen, für die und mit denen Sie arbeiten, Segen bringt.

Anselm Grün

Spirituelle Voraussetzungen

Versuchungen

Bevor Jesus anfängt zu arbeiten und öffentlich aufzutreten, wird er vom Satan versucht. Man könnte diese Versuchungen so verstehen, dass Jesus sich vor diesem Schritt seinen eigenen Schattenseiten stellen muss. Jeder von uns hat auch Schattenseiten. Es sind Versuchungen, die Arbeit dafür zu benutzen, die eigenen egoistischen Bedürfnisse auszuagieren. Doch dann wird die Arbeit für uns nicht hilfreich sein und wir werden durch sie uns selbst entfremdet. Es wird von uns kein Segen ausgehen. So ist es auch unsere Aufgabe, bevor wir in die Arbeit einsteigen, uns wie Jesus diesen drei Versuchungen zu stellen. Nur dann wird unsere Arbeit gelingen. Aber auch während der Arbeit werden wir dann und wann von diesen Versuchungen heimgesucht. Und wir müssen uns immer wieder darüber Rechenschaft ablegen, wie und wofür wir arbeiten wollen.

Die erste Versuchung ist, die Steine zu Brot werden zu lassen. Es ist die Versuchung, alles für uns selbst zu benutzen. Die Arbeit hat lediglich den Zweck, dass wir Vorteile haben. Sie dient uns dazu, dass wir möglichst viel Geld verdienen. Doch Jesus sagt:

Der Mensch lebt nicht vom Brot allein, sondern von jedem Wort, das aus Gottes Mund kommt.

Matthäus 4,4

Wir leben nicht nur von dem, was uns etwas bringt, sondern von dem, was uns wahrhaft nährt. Wir leben nicht allein für das Geld. Geld nährt nicht. Es braucht andere Werte, die uns nähren bei der Arbeit. Jesus spricht vom Wort Gottes. Das Wort Gottes können wir verschieden auslegen: Einmal sind damit die Werte gemeint, die uns nähren, die uns Kraft schenken. Ohne Werte wird unsere Tätigkeit wertlos. Wir müssen uns also überlegen, welche Werte uns in der Arbeit leiten. Das Wort Gottes bezieht sich aber auch auf das, was Gott uns sagen möchte. Auf das Wort Gottes zu hören ist notwendig, damit wir nicht einfach so dahinleben. Das Wort Gottes zeigt uns einen Weg, wie wir unser Leben sinnvoll leben können. Und es weist uns über diese Welt hinaus. Es gibt etwas, das diese Welt übersteigt. Nur wenn wir in Gott, der jenseits der Welt ist, unseren eigentlichen Halt haben, haben wir auch ein gutes Fundament für unsere Arbeit in der Welt. Im Vaterunser bitten wir Gott, er möge uns das tägliche Brot schenken. Die Kirchenväter haben darin zum einen den täglichen Lebensunterhalt gesehen, zum anderen haben sie dieses Brot aber auch als »überwesentliches« Brot verstanden, als Brot, das unsere tiefste Sehnsucht nach der jenseitigen Welt, nach Gott erfüllt.

Die zweite Versuchung ist die, sich in seiner Arbeit besonders hervorzutun. Jesus soll vom Dach des Tempels springen. Er soll also ein Zauberstück vorführen. Er soll sich vor allen anderen profilieren. Manche wollen in ihrer Arbeit nur glänzen. Sie wollen sich über die anderen stellen. Dabei verlieren sie oft das rechte Maß. Sie schauen nur darauf, auf der Karriereleiter hochzuklettern. Sie machen durch besondere Aktionen auf sich aufmerksam, um nach oben zu kommen. Doch die Gefahr ist, dass sie jäh abstürzen. Denn sie überschätzen sich selbst. Sie kritisieren die anderen Mitarbeiter und Chefs. Alle haben keine Ahnung von der Arbeit. Nur sie allein sind wirklich fähig. Doch solche Selbstüberschätzung tut uns nicht gut. Manche gehen mit zu großen Vorstellungen in die Arbeit. Sie meinen, sie seien für einfache Arbeiten überqualifiziert. Sie müssten sofort Aufgaben erledigen, die ihrer Ausbildung entsprechen. Doch wenn ich die einfachen Aufgaben überspringe, werde ich mich nie nach oben arbeiten. Es geht nicht darum, auf die besonderen Fähigkeiten aufmerksam zu machen, sondern erst einmal die einfachen Aufgaben gut zu erfüllen. Es geht nicht darum, irgendeinen Zauber zu veranstalten, durch »zaubern« auf mich aufmerksam zu machen, sondern es geht um den Segen Gottes. Mein Tätigsein soll zum Segen werden für mich und für die Menschen, für die ich arbeite.

Die dritte Versuchung ist die Versuchung der Macht. Jeder Mensch übt Macht aus. Macht ist auch etwas Gutes. Wir sind mächtig, etwas zu gestalten, etwas Gutes zu tun. Wir können etwas bewirken und in Bewegung bringen. Doch es gibt immer auch die Versuchung zur Macht. Diese Versuchung erkennen Mitarbeiter oft bei ihren Chefs. Manche Chefs benutzen ihre Macht nicht, um die Firma gut zu führen und für die Mitarbeiter ein gutes Betriebsklima zu schaffen, sondern um sich selbst darzustellen. Wer Macht ausübt, übernimmt Verantwortung für andere Menschen. Er sorgt dafür, dass die Mitarbeiter einen guten und sicheren Arbeitsplatz haben, dass die Zukunft der Firma gesichert ist. Doch viele üben Macht aus, um andere kleinzumachen. Das ist immer dann der Fall, wenn ich mit der Macht mein eigenes Minderwertigkeitsgefühl ausgleichen möchte. Wir dürfen aber bei der Versuchung der Macht nicht nur auf die Chefs schauen. Jeder, der arbeitet, übt Macht aus. Er kann mit seiner Arbeit etwas bewirken. Er schafft ein Klima um sich herum. Das kann ein Klima sein, in dem sich alle wohlfühlen. Es kann aber auch ein Klima der Angst sein, mit dem ich die anderen einschüchtern möchte. Dann unterliege ich der Versuchung der Macht. Ich zeige meine Macht über Mitarbeiter, die weniger begabt sind als ich, die weniger ankommen beim Chef. Ich übe meine Macht aus, indem ich die anderen Mitarbeiter entwerte. Und ich übe Macht über sie aus, indem ich sie von mir abhängig mache. Eine beliebte Form Macht auszuüben ist, andere warten zu lassen. Es ist die Macht des kleinen Beamten, der jeden Bittsteller lange warten lässt, um ihm zu zeigen, dass er Macht hat. Und diese Macht üben auch viele Mitarbeiter aus, die ihre Kollegen bewusst warten lassen. Sie sollen spüren, dass sie angewiesen sind auf ihre Gnade. Solche Machtspiele gibt es oft in Firmen.

Benedikt kennt die Versuchung, die mit jeder Arbeit verbunden ist. Er nennt die wichtigste Versuchung die des Betrugs und die der Habgier. Wir sind immer in Versuchung, unsere Arbeit besser darzustellen, als sie ist. Das gilt für die Tätigkeit an unserem Arbeitsplatz genauso wie für die Produkte, die wir herstellen. Wir preisen sie oft besser an, als sie sind. Das nennt Benedikt Betrug.

Wir sollen ehrlich bei unserer Arbeit sein, dankbar für das, was wir erreichen, aber auch immer im Bewusstsein, dass das Ergebnis unserer Arbeit nicht alle Bedürfnisse der Welt befriedigt. Die andere Versuchung ist die der Habgier. Wir wollen immer mehr mit unserer Arbeit verdienen und unsere Produkte immer teurer verkaufen, damit der Gewinn der Firma immer größer wird. Dagegen schreibt Benedikt:

> *Wenn etwas von den Erzeugnissen der Handwerker verkauft wird, sollen jene, durch deren Hand die Waren veräußert werden, darauf achten, dass sie keinen Betrug begehen. Sie sollen immer an Hananias und Saphira denken, damit sie nicht etwa den Tod an der Seele erleiden, der jene am Leib traf. Das gilt ebenso für alle anderen, die mit dem Eigentum des Klosters unredlich umgehen. Bei der Festlegung der Preise darf sich das Übel der Habgier nicht einschleichen. Man verkaufe sogar immer etwas billiger, als es sonst außerhalb des Klosters möglich ist, damit in allem Gott verherrlicht werde.*
>
> Regel Benedikts 57,4-9

Es ist interessant, dass das Motto Benedikts »Damit in allem Gott verherrlicht werde« ausgerechnet im Kapitel über die Arbeit vorkommt. An der Art und Weise, wie wir arbeiten, soll etwas von Gottes Schönheit sichtbar werden, daran sollen die Leute merken, ob es um uns und unsere Selbstdarstellung geht oder um die Ehre Gottes.

Die Herkunftsfamilie als Wurzelkraft

Mir meine Herkunft bewusst zu machen, hilft mir, meine Stärken und Schwächen zu entdecken. Nur wenn ich um beides weiß – um Stärken und Schwächen –, kann ich beide nutzen, um in der Arbeit das Potenzial zu entfalten, das Gott mir geschenkt hat. Jeder wurde durch seine Herkunftsfamilie geprägt. Diese Prägung soll er so einsetzen, dass sie zum Segen wird für ihn und für andere.

Wie die Herkunftsfamilie uns prägt, zeigt uns die biblische Geschichte von Abraham, Isaak und Jakob. Abraham war der große Patriarch. Er ist ausgezogen aus seiner Heimat und hat in der Fremde ein neues Leben aufgebaut. Doch vor lauter Ausziehen und Aufbauen hat er offensichtlich seinen Sohn Isaak vernachlässigt. Isaak wurde eher ein Muttersohn. Er scheint gegenüber dem Vater schwach zu sein. Doch er hat trotzdem sein Leben gelebt und wurde der Vater von Esau und Jakob. Die Ablehnung, die er von seinem Vater erlebt hat, gibt er an seine Söhne weiter. Die Söhne können sich gegenseitig nicht akzeptieren. Jakob ist der schlauere, Esau der ältere und stärkere, der Kämpfer.

Jakob kauft dem Esau sein Erstgeburtsrecht ab und erschleicht sich vom Vater den Segen des Erstgeborenen. Er trickst seinen Bruder aus. Doch als er bei Laban um dessen Tochter Rachel bittet, trickst ihn Laban aus. Er schiebt ihm die hässliche Tochter Lea unter. So muss Jakob 14 Jahre lang um beide Frauen arbeiten. In dieser Zeit gebiert ihm Lea viele Söhne, während Rachel ihm nur Josef als Sohn schenkt. Als Jakob nach 14 Jahren heimziehen

will, trickst er seinen Schwiegervater aus. Er nimmt den größten
Teil der Ziegenherde mit sich. Seine Schlauheit hat gesiegt.

Es gibt heute viele vaterlose Menschen, vor allem wenn die Mutter die Kinder allein erziehen muss. Es gibt aber auch mutterlose
Menschen, die keine wirklich gute Beziehung zur Mutter aufbau-
en können, weil die Mutter allzu beschäftigt ist mit dem Unter-
halt der Familie, sodass sie sich auf die Kinder gar nicht persönlich einlassen kann. Vaterlose Menschen sind in der Arbeit oft
misstrauisch und haben Probleme mit der Autorität. Und sie sind
konfliktscheu und entscheidungsschwach. Mutterlose Menschen
suchen an ihrem Arbeitsplatz häufig Geborgenheit. Die Firma
soll für sie Mutterersatz werden. Doch das führt oft zur Enttäuschung, weil die Firma eben nicht nur Mutter ist, sondern auch
oft eine harte Welt.

Es ist gut, wenn wir um unsere Familiengeschichte wissen. Ich habe einen Priester begleitet, der einen starken Vater hatte, ähnlich
wie Abraham. Aber der Vater war nach außen so stark, dass der
Sohn das Gefühl hatte, er könne dem Vater nie das Wasser rei-
chen. Daher hat er das Gegenteil von dem gemacht, was der Vater
tat. Der Vater war Richter. Der Sohn ist Priester geworden und
ist als Gefängnisseelsorger zu den Gefangenen gegangen. Er hat
also die Gegenspur seines Vaters gelebt. Doch das hat ihn abgeschnitten von der Wurzel seines Vaters. So wurde er nach einigen
Jahren depressiv. Ich sagte ihm: »Du bist der Sohn deines Vaters.
Du musst deinen Vater nicht kopieren. Aber du hast auch Anteil
an der Kraft deines Vaters. Trau dieser Kraft.« Das hat er getan

und hat eine Leitungsaufgabe übernommen. Er hat also die väterlichen Anteile gelebt und ist aufgeblüht dabei.

Wir sollen nie gegen die Eltern leben, sondern aus ihrer Wurzelkraft. Dabei ist es durchaus wichtig, dass wir uns von den Eltern auch innerlich lösen und unseren eigenen Weg gehen. Ich habe Menschen begleitet, deren Väter Nazis waren. Es ist nicht einfach, sich von den negativen Seiten zu lösen, die die Väter gelebt haben. Aber die Väter waren nicht nur Nazis. Sie haben auch andere Seiten gelebt. Und diese Seiten soll ich anschauen. Sie stellen auch meine Wurzeln dar. Die Wurzeln der Väter müssen gereinigt werden. Das, was sie Böses getan haben, übersehe ich nicht, sondern ich schaue es an, betrauere es und lasse es bei den Vätern. Ich achte die Väter nicht für das Böse, das sie getan haben, sondern für das, was sie mir an Gutem geschenkt haben. So kann ich meine Herkunft achten und werde zugleich frei von den bösen Verstrickungen meines Vaters.

Wenn die Herkunft nicht bearbeitet wird, wiederholen wir oft unbewusst die negativen Seiten der Eltern. Oder wir werden von den negativen Seiten der Eltern innerlich gelähmt. Wir finden nicht zu unserer Kraft. Wir müssen immer beide Wurzeln anschauen: die guten und die vergifteten. Die vergifteten Wurzeln müssen wir entweder reinigen oder aber abschneiden, damit die guten Wurzeln uns nähren können. Die Reinigung der Wurzeln könnte durch die Vergebung geschehen. Ich schaue die Verletzungen an, die meine Wurzeln verunreinigt haben. Und ich vergebe meinen Eltern. Oder aber ich umarme mich mit meinen Verletzungen.

Dann spüre ich trotz der Verletzungen einen inneren Frieden in mir. Ich spüre, dass die Verletzungen mich auch dazu geführt haben, lebendig zu bleiben und mich auf den Weg der inneren Entwicklung zu machen.

Jakob hat seine Familiengeschichte angeschaut. Er hat seinen eigenen Weg gefunden. Dazu musste er zuerst ausziehen aus dem Nest der Mama. Er ist seinen Weg zunächst mit Schlauheit gegangen. Doch als er auf dem Heimweg ist, erfährt er, dass sein Bruder Esau ihm entgegenkommt. Da bekommt er Angst vor seinem Bruder. Jetzt hilft ihm seine Schlauheit nicht weiter. Jetzt muss er sich seiner eigenen Wahrheit, seinen eigenen Schattenseiten, stellen.

Die Bibel schildert uns die eigenartige Szene, in der Jakob seine Frauen, seine Söhne und seinen Besitz über die Furt bringt und dann allein zurückbleibt. In dieser Nacht kämpft ein dunkler Mann mit ihm. Der dunkle Mann ist ein Bild für die Schattenseiten. Jakob kann seine Schattenseiten nicht länger verdrängen. Sein Bruder Esau ist ein Bild für das Dunkle, Unbekannte, Wilde in ihm selbst. Im Kampf mit dem dunklen Mann muss sich Jakob dieser Seite stellen. Mitten im Kampf sagt der dunkle Mann, Jakob solle ihn loslassen. Doch Jakob sagt den eigenartigen Satz:

Ich lasse dich nicht los, wenn du mich nicht segnest.
Genesis 32,27

Und der dunkle Mann segnet Jakob und gibt ihm einen neuen Namen. Er soll nicht mehr Jakob (Betrüger) heißen, sondern Israel (Gottesstreiter). Wenn wir uns den eigenen Schattenseiten stellen, dann werden sie uns zum Segen. Wir gehen verwandelt unseren Weg. Und wir werden wie Israel zum Segen werden für viele Menschen.

Die beste Vorbereitung auf die Arbeit ist die ehrliche Begegnung mit sich selbst und das Anschauen dessen, was wir in uns an Schattenseiten wahrnehmen. Wenn wir die eigenen Schattenseiten nicht anschauen und uns damit nicht aussöhnen, dann werden wir den eigenen Schatten auf die anderen projizieren. Und das wird unsere Arbeit verfälschen. Wenn wir zum Beispiel unser Bedürfnis, im Mittelpunkt zu stehen, nicht anschauen, dann werden wir es ständig auf unsere Mitarbeiter oder auf den Chef projizieren. Wir haben dann das Gefühl, der Chef sei ein narzisstischer Typ, der immer nur um sich kreist. Oder unser Arbeitskollege wolle immer die Aufmerksamkeit aller auf sich ziehen. Wir merken dann gar nicht, dass dieses Bedürfnis in uns selbst steckt und wir es nur in die anderen hineinlegen. Wenn wir uns damit aussöhnen, können wir gelassener, ehrlicher und realistischer mit den Kollegen und mit den Führungskräften umgehen. Wir sehen sie dann nicht durch die getrübte Brille unserer verdrängten Schattenseiten, sondern sehen sie so, wie sie sind. Und dann ist auch ein gutes Miteinander möglich.

Die Selbsterkenntnis war für die Mönche ein entscheidender Schritt auf ihrem geistlichen Weg. Der Mensch soll alle seine Gedanken und Gefühle beobachten und sie von Gott prüfen lassen. Nur die genaue Selbstbeobachtung kann uns von der Gefahr befreien, die eigenen unbekannten Gedanken und Bedürfnisse auf die Mitmenschen zu projizieren. Es geschieht häufig, dass Chefs die eigenen verdrängten Bedürfnisse auf ihre Mitarbeiter projizieren und sie in ihnen bekämpfen. Davor soll uns die Selbstbeobachtung bewahren, von der Benedikt in seiner Regel schreibt:

Zu jeder Stunde sei er auf der Hut vor Sünden und Fehlern, die im Denken, Reden, Tun und Wandel durch Eigenwillen, aber auch durch Begierden des Fleisches geschehen. Der Mensch erwäge: Gott blickt vom Himmel zu jeder Stunde auf ihn und sieht an jedem Ort sein Tun; die Engel berichten ihm jederzeit davon. Der Prophet weist uns darauf hin, dass Gott unserem Denken immer gegenwärtig ist, wenn er sagt: »Gott prüft auf Herz und Nieren.« (Psalm 7,10) »Der Herr kennt die Gedanken der Menschen.« (Psalm 94,11) Ebenso sagt er: »Von fern erkennst du meine Gedanken.« (Psalm 139,2) »Das Denken des Menschen liegt offen vor dir.« (Psalm 76,11)

Regel Benedikts 7,13-17

Die Worte sollen uns keine Angst machen vor einem Gott, der uns kontrolliert. Vielmehr sollen sie uns bewusst machen, dass wir immer im Angesicht Gottes leben, der alles durchschaut. Daher sollen wir selbst uns durchschauen und uns immer besser kennenlernen. Dann werden wir auch angemessen mit den Menschen umgehen, ohne das, was wir bei uns nicht kennen, den anderen zuzuschreiben.

Beruf oder Berufung

Unsere Arbeit ist nicht einfach ein Job, den wir verrichten, um Geld zu verdienen. Martin Luther hat das lateinische Wort »vocatio« (Ruf Gottes) in das weltliche Tun hinein übersetzt. Er spricht vom Beruf des Menschen. Und der Beruf des Menschen entspringt einer Berufung, einem Ruf Gottes. Der Mensch ist zu etwas berufen. Er ist dazu berufen, eine Aufgabe, einen Auftrag zu erfüllen. Luther hat das Wort Beruf nicht nur als Berufung durch Gott verstanden, sondern auch als Amt und Stand des Menschen in der Welt. Diese doppelte Bedeutung ist auch heute noch in der deutschen Sprache wirksam. Manche bezeichnen zwar mit Beruf nur die Erwerbstätigkeit. Doch im Wort klingt noch etwas davon mit, dass ich für meinen Beruf berufen bin. Der Beruf entspricht meiner innersten Berufung.

Berufen kommt von rufen. Gott ruft den Menschen. Der Mensch ist nicht einfach sich selbst überlassen. Er ist von seinem innersten Wesen her ein Gerufener. Gott ruft ihn, damit er antwortet. Der Mensch antwortet mit seiner Existenz. Manchmal ist der Beruf eine Antwort auf den Ruf Gottes. Jeder Beruf hat mit Berufung zu tun. Wer seinen Beruf liebt, der fühlt sich dazu berufen, als Handwerker, als Arzt, als Therapeutin, als Krankenschwester.

Gott ruft uns durch leise Impulse unseres Herzens, durch die Gefühle von Stimmigkeit und innerer Lebendigkeit. Dort, wo in mir Weite und Freiheit entstehen, wo mein Herz mit Liebe und Frieden erfüllt wird, dort vernehme ich den Ruf Gottes. Aber dieser Ruf will gehört und verstanden werden. Viele möchten gerne wissen, wozu Gott sie berufen hat. Sie fragen nach Gottes Ruf, aber sie hören oder verstehen ihn nicht. Wir können den Ruf nicht selbst machen. Wir müssen bereit sein zu hören, aber dass der Ruf ergeht, ist immer Gnade. Und bei diesem Ruf müssen wir gut unterscheiden, ob er aus dem eigenen Über-Ich kommt oder wirklich von Gott. In der geistlichen Tradition gibt es die Übung der Unterscheidung der Geister. Sie ist gerade bei der Berufung und beim Beruf wichtig. Wenn der Ruf aus dem eigenen Über-Ich kommt, dann führt er zur Überforderung. Dann meine ich, ich wäre zu etwas Großem berufen. Aber diese Berufung entspricht eher dem eigenen Größenwahn oder dem Perfektionismus. Wenn der Ruf von Gott her kommt, dann bewirkt er immer Frieden, Freiheit, Lebendigkeit und Liebe.

Das Alte Testament erzählt uns eine Berufungsgeschichte, die uns auch etwas über unsere Berufung sagen möchte. Hanna und ihr Mann Elkana hatten lange Zeit keine Kinder. Sie zogen immer wieder nach Schilo, um Gott zu bitten, ihnen einen Sohn zu schenken. Als Gott ihre Bitte erhörte und ihnen Samuel schenkte, bringen sie ihn zum Priester Eli, um ihn Gott zu weihen. Samuel tat seinen Dienst im Tempel. Nachts schlief er auch im Tempel. Eines Tages rief Gott den Samuel im Schlaf. Samuel meinte, Eli habe ihn gerufen. Er ging zu ihm und sagte ihm:

Hier bin ich, du hast mich gerufen. Eli erwiderte: Ich habe dich nicht gerufen. Geh wieder schlafen.
1 Samuel 3,5

So geschah es drei Mal. Beim dritten Mal sagte Eli zu Samuel, er solle, sobald der Herr ihn rufe, antworten:

Rede, Herr, denn dein Diener hört.

1 Samuel 3,9

So tut es Samuel und er hört Gottes Wort, das ihm die Zukunft deutet. Und Gott offenbarte sich immer wieder durch sein Wort dem jungen Samuel. So wuchs Samuel als Prophet heran und erfüllte als Richter und Prophet eine wichtige Aufgabe für das Volk Israel.

Samuel erkannte Gottes Stimme, als Gott zu ihm sprach. Doch wir erkennen oft nicht, was Gott uns sagen möchte. Daher tut es uns gut, immer wieder in die Stille zu gehen, um zu erkennen, was Gott zu uns sprechen und wozu er uns berufen möchte. Gott spricht zu uns durch innere Impulse. Wenn wir nach innen horchen und das Gefühl haben, dass ein Impuls in uns Lebendigkeit, Freiheit, Frieden und Liebe erzeugt, dann dürfen wir vertrauen, dass dieser Impuls von Gott kommt. Die andere Frage ist dann, wie wir diesen inneren Impuls konkret in unser Leben umsetzen, welchen Beruf wir wählen sollen, damit wir dem inneren Ruf Folge leisten. Der Beruf, den wir wählen, soll uns Freude machen. Wir sollen ihn gerne ergreifen. Er soll uns herauslocken und uns in die eigene Kraft führen. Und er soll für uns sinnvoll sein. Wir sollten das Gefühl haben, dass wir etwas Sinnvolles für die Menschen tun können.

Vielleicht klingt das für manche zu idealistisch. Sie sagen: Ich konnte mir den Beruf nicht aussuchen. Ich musste diese Arbeit annehmen, weil ich sonst arbeitslos wäre. Ich kann mir auch innerhalb der Firma nicht die Arbeit aussuchen, die meiner tiefsten Berufung entspricht. Ich muss einfach den Job machen, den mir mein Chef zugeordnet hat. Die Realität hindert uns oft daran, unserer innersten Berufung zu folgen. Dann besteht die Kunst darin, die Arbeit, die mir einfach zugeteilt wurde oder die ich notgedrungen wählen musste, in Berufung zu verwandeln. Wie kann das gehen? Ich kann mir die Arbeit nicht aussuchen. Aber wenn ich ganz Ja sage zu dieser Arbeit, die mir zugeteilt wurde, dann kann sie auch zu meiner Berufung werden. Ich kann meine Berufung dann darin sehen, das, was mir vorgegeben ist, gut und zuverlässig zu tun, Freude zu haben an dem, was ich tue. Dann verwandelt sich meine Arbeit. Sie ist nicht einfach nur noch Job. Ich erfülle sie mit meiner Liebe und Hingabe. Ich gestalte mit meiner Arbeit ein Stück dieser Welt und bringe durch die Art und Weise, wie ich arbeite, mehr Fröhlichkeit, Liebe und Güte in die Welt. Das sehe ich dann als meine Berufung: das, was mir vorgegeben ist, in Hingabe, Liebe und Heiterkeit zu verwandeln.

Vom Ruf Gottes, der an jeden ergeht, spricht Benedikt im Prolog seiner Regel:

Stehen wir also endlich einmal auf! Die Schrift rüttelt uns
wach und ruft: »Die Stunde ist da, vom Schlaf aufzustehen.«
Öffnen wir unsere Augen dem göttlichen Licht, und hören
wir mit aufgeschrecktem Ohr, wozu uns die Stimme Gottes

täglich mahnt und aufruft: »Heute, wenn ihr seine Stimme
hört, verhärtet eure Herzen nicht!« (Psalm 95,8) Und wie-
derum: »Wer Ohren hat zu hören, der höre, was der Geist
den Gemeinden sagt.« (Offenbarung 2,7)

Regel Benedikts, Prolog 8-11

Gott ist also für Benedikt immer einer, der uns ruft. Auf sein Rufen sollten wir mit zwei Reaktionen antworten: Die erste Reaktion
ist das Aufwachen. Wir haben uns oft genug eingelullt mit irgend-
welchen Ideen. Wir haben uns ausgedacht, was wir mit unserem
Leben machen wollen. Aber wir sind oft genug blind irgendwel-
chen Illusionen gefolgt. Wenn wir dem Ruf Gottes folgen, wachen
wir auf, machen wir die Augen auf und erkennen erst das Licht,
das unser Leben auf einmal durchflutet. Unser Leben wird heller
und fröhlicher. Die zweite Reaktion ist, dass wir unsere verhärteten
Herzen aufbrechen, damit neues Leben in uns aufblühen kann.
Wir haben oft genug unser Herz verhärtet und gegenüber allen
Verunsicherungen von außen verschlossen. Doch der Ruf Gottes
verunsichert uns. Er ruft uns heraus aus unserer Selbstsicherheit.
Aber er ruft uns nicht in die Überforderung, sondern in eine neue
Lebendigkeit und Echtheit hinein.

Die Berufung durch Jesus

Wie wir unsere Berufung erkennen und wie wir dabei mit den eigenen Fähigkeiten in Berührung kommen können, zeigen uns die Berufungsgeschichten im Neuen Testament. Jesus beruft einzelne Menschen, ihm nachzufolgen. Als er Simon und Andreas im See ihr Netz auswerfen sieht, beruft er sie:

> *Kommt her, folgt mir nach! Ich werde euch zu Menschen-*
> *fischern machen.*
> Markus 1,16

Die beiden verlassen alles, was sie haben, ihren Beruf, ihre Familien, und folgen Jesus nach. Simon und Andreas sind einfache Fischer, die nur Netze besitzen und diese im Wasser stehend auswerfen. Nach diesen beiden sieht Jesus Jakob und Johannes, beides Söhne des Zebedäus, im Boot sitzen und ihre Netze herrichten. Beide sind sozial höher gestellt. Sie haben – so könnte man es modern ausdrücken – eine Fischereiflotte. Sie fischen aus dem Boot heraus. Jesus beruft sie beide. Die soziale Herkunft zählt bei ihm nicht. Simon, den Ärmeren und sozial niedriger Gestellten, setzt er später an die Spitze der Jüngergruppe. Ganz gleich, welcher sozialer Herkunft die Menschen sind, sie sollen Jesus nachfolgen. Was heißt das für uns? Wir sollen der innersten Stimme in uns folgen. Jesus spricht in unserem wahren Selbst zu uns. Dieser oft genug leisen Stimme sollen wir folgen. Und noch etwas anderes ist mir wichtig: Jesus verwandelt den Beruf der Fischer. Sie sollen Menschenfischer werden. Sie sollen das, was sie gelernt haben und beherrschen, auf einem anderen Gebiet einsetzen. Sie sollen Menschen fischen. So wie sie vorher geduldig auf Fische gewartet haben, um sie zu fangen, so sollen sie jetzt auf die Menschen hören, wann sie bereit sind, ihrer innersten Sehnsucht zu folgen. Sie sollen sie auf den Weg der Sehnsucht und des Glaubens führen.

Wir kennen im Deutschen das Sprichwort: »Wenn du einen Menschen fangen willst, hänge dein Herz an die Angel.« Wir können Menschen nur für das Leben und für Gott gewinnen, wenn wir ihnen unser Herz zeigen und uns ihnen herzlich zuwenden.

Wenn wir diese Bibelstelle in unser Leben hinein übertragen, dann heißt das für mich: Das, was ich von meinen Eltern gelernt habe, soll auf neue und verwandelte Weise für die Menschen fruchtbar werden. Das Gelernte soll in den Beruf einfließen. Aber es soll zugleich auf eine höhere Ebene gestellt werden. Die Jünger sollen nicht einfach weiterhin ihren alten Beruf ausüben, den sie von ihren Eltern erlernt haben. Sie sollen vielmehr auf einer anderen Ebene Fischer werden. Sie sollen die Fähigkeit in sich entdecken, Menschen für das Leben und für Christus zu gewinnen. Aber wir sollen unsere Herkunft nicht verleugnen. Sie prägt uns weiterhin. Nur braucht es einen inneren Ruf, um zu spüren, wohin das Erlernte sich wandeln kann.

Und das Wort Jesu, das den ursprünglichen Lebenstraum der Jünger auf eine andere Ebene hebt, führt mich noch auf eine andere Spur. Um den Beruf zu finden, der unserem Wesen entspricht, ist es gut, in der eigenen Lebensgeschichte nach unseren Lebensträumen zu suchen. Wir sollten uns fragen: Was wollte ich als Kind immer werden? Welchen Beruf wollte ich ergreifen? Oder wir können in uns hineinhorchen: Was habe ich als Kind mit Begeisterung getan? Wo und wie konnte ich spielen, ohne müde zu werden? Dann sollten wir genau hinspüren, was uns an diesem Spiel oder an dieser Tätigkeit so fasziniert hat. Was ist da in unserer Seele angesprungen? Welcher Funke ist da in uns hineingefallen?

Die Bilder, die in den Lebensträumen und Spielen zum Ausdruck kommen, können wir auf unsere konkrete Situation und auf unseren Beruf hin auslegen. Wenn wir noch vor der Berufswahl stehen, können wir uns überlegen, in welche Richtung uns die kindlichen Bilder führen möchten. Die Bilder, die in unserer Kindheit aufgetaucht sind, entsprechen unserem Wesen. Sie sind uns nicht von außen übergestülpt worden, deshalb können wir in ihnen auch unsere Berufung erkennen. Aber es braucht oft eine Auslegung dieser Bilder. Es kann hilfreich sein, wenn wir unsere Bilder anderen erzählen. Oft erhalten wir in diesen Gesprächen Anregungen, wie wir diese Bilder in unseren konkreten Berufsalltag übersetzen können. Wenn ich bei Kursen die Teilnehmenden einlade, sich an Situationen zu erinnern, in denen sie voller Leidenschaft gespielt haben, dann erzählen sie oft voller Lebendigkeit von solchen Spielen. Man spürt, dass sie mit sich selbst in Berührung kommen. Und weil sie sich selbst spüren, entdecken sie auch, wie sie ihren Beruf so leben können, dass sie mit sich und ihrem wahren Wesen in Berührung sind.

Ich möchte einige Beispiele anführen: Ein Psychiater erzählte, dass er als Kind leidenschaftlich gerne Soldaten aufgestellt hat. Er hat sie in eine gute Reihe gestellt, damit sie siegreich kämpfen können. Im Gespräch wurde ihm klar, dass das ein schönes Bild für seine Arbeit als Psychiater ist. Als Psychiater organisiert er die Kräfte, die gegen die krankmachenden Muster im Patienten ankämpfen können. Und er muss die Kräfte richtig ordnen, damit sie den Kampf erfolgreich bestehen können. Eine Frau, die in einem Hotel im Service tätig war, hat als Kind gerne mit Puppen gespielt. Sie hat immer die Mutter gespielt, die für die Puppen sorgt. Und so hat sie auch als Hotelfachfrau mütterlich für die Gäste gesorgt. Ihr war es ein Anliegen, dass die Gäste sich im Hotel geborgen und daheim fühlen. Weil sie bei ihrer Tätigkeit in Berührung war mit dem, was sie als Kind leidenschaftlich gerne gespielt hat, hat die Arbeit sie keine Kraft gekostet. Sie hat vielmehr gerne im Hotel gearbeitet. Das Bild aus der Kindheit hat sie immer wieder in Berührung gebracht mit ihren inneren Quellen.

Wenn Menschen Widerstand gegen ihren Beruf empfinden oder sich kraftlos fühlen, ist es ein Zeichen, dass sie nicht mit den eigenen inneren Bildern in Berührung sind, sondern fremden Bildern folgen, die ihnen nicht guttun. Daher ist es gerade in solchen Situationen wichtig, nach den Bildern zu fragen, mit denen sie zur Arbeit gehen. Und ihre Aufgabe wäre es, Bilder zu entdecken, die sie mit ihrem wahren Wesen in Berührung bringen. Ein Rechtsanwalt verspürte Widerwillen gegen seine Arbeit als Jurist. Es ist eine so trockene Arbeit. Er dachte daran, Sozialpädagogik zu studieren und dann mit Menschen zu arbeiten. Aber er war verheiratet und hatte drei Kinder. Es war also unrealistisch, den Beruf aufzugeben und zu studieren. Ich fragte ihn, was er als Kind leidenschaftlich gerne gelesen oder getan habe. Bei der Lektüre fiel ihm sein Lieblingsmärchen »Aschenputtel« ein. Als ich fragte, warum ihn das so faszinierte, meinte er, weil dem Mädchen zuletzt Gerechtigkeit widerfährt. Und er erzählte, dass er sich als Kind und Jugendlicher leidenschaftlich gerne Geschichten von Menschen ausgedacht und aufgeschrieben hat. Als ich ihn nach seiner Motivation fragte, meinte er, ihn habe das Schicksal von Menschen immer interessiert. Wie geht es aus mit diesem Menschen? Wie bewältigt er sein Schicksal? Im Gespräch wurde ihm klar, dass diese beiden Bilder genügen, seinem jetzigen Beruf eine andere Qualität zu geben. Als Jurist kommt er ja ständig mit dem Schicksal von Menschen in Berührung. Und da ist es seine Aufgabe, dass diesen Menschen mit ihrem Schicksal Gerechtigkeit widerfährt. Als er diese Bilder mit seiner momentanen Aufgabe verglich, bekam er auf einmal wieder Lust, seinen Beruf als Jurist auszuüben. Er hatte nun eine andere Motivation. Jetzt war es kein fremder Beruf mehr, den er nur des Gelderwerbs wegen ergriffen hatte oder weil seine Eltern ihm das geraten hatten. Jetzt hatte er in sich die Bilder gefunden, die es ihm ermöglichten, seinen Beruf als seine Berufung zu sehen und ihn mit neuer Lust auszuüben.

Allerdings können mich die Bilder aus der Kindheit auch darauf hinweisen, dass ich meine Arbeitsstelle wechseln sollte. Wenn ich das innere Bild an meinem jetzigen Arbeitsplatz nicht leben kann, dann ist es sinnvoll, an einen Wechsel zu denken. Ich kann zuerst einmal ausprobieren, ob sich meine Arbeit verwandelt, wenn ich das Bild meiner Kindheit auf sie anwende. Aber wenn ich spüre, dass es nicht geht, dass das Bild und meine Arbeit nicht kompatibel sind, dann sollte ich an einen Wechsel denken. Wohin möchte mich mein inneres Bild führen? Wenn ich da keine klare Richtung entdecke, dann kann ich versuchen, die Arbeitsstellen, die mir angeboten werden, mit dem inneren Bild zu verbinden. Wenn ich dann das Gefühl von Ruhe, Stimmigkeit, Lebendigkeit und Freiheit spüre, sollte ich diese Arbeitsstelle annehmen.

Das Johannesevangelium zeigt uns weitere wichtige Aspekte der Berufung. Im ersten Kapitel schildert Johannes, wie die Berufung der ersten Jünger geschieht. Da ruft nicht Jesus die Jünger. Es sind vielmehr immer andere, die junge Männer auf Jesus verweisen. Johannes der Täufer schaut auf Jesus und auf seine eigenen Jünger und sagt:

Seht, das Lamm Gottes!
Johannes 1,36

Wie immer man dieses Wort verstehen mag, die Jünger werden neugierig und folgen Jesus nach. Jesus dreht sich um und fragt sie:

Was wollt ihr? Sie sagten zu ihm: Rabbi, wo wohnst du? Er antwortete: Kommt und seht. Da gingen sie mit ihm und sahen, wo er wohnte, und blieben jenen Tag bei ihm.
Johannes 1,38f

Sie wollen sehen, wo Jesus wohnt und wie er lebt. Als sie von Jesus überzeugt sind, gehen sie zu ihren Freunden und erzählen ihnen von Jesus. Der Ruf Gottes geht also über andere Menschen, die uns für etwas begeistern. Aber wir müssen selbst unsere Erfahrung machen. Wir müssen schauen, wie dieser Jesus ist, ob es sich lohnt, ihm zu folgen. Es ist gut, einen ganzen Tag bei diesem Jesus zu bleiben, um zu erforschen, ob seine Nähe uns guttut. Johannes spricht von der zehnten Stunde. Zehn ist die Zahl der Ganzheit. Wir sollen also sehen, ob wir durch die Nachfolge ganz und heil werden, ob wir in unserem Beruf die Fülle des Lebens finden oder verwirklichen können.

So geschieht Berufung auch bei uns oft genug. Da ist ein junger Mann von seinem Kaplan begeistert und kann sich vorstellen, den gleichen Weg zu gehen. Eine junge Frau wird durch eine Ordensfrau angeregt, sich für diesen Beruf zu interessieren. Ein Vater hat als Handwerker oder Landwirt seinen Sohn innerlich davon überzeugt, dass das auch seine Berufung ist. Oft ruft Gott durch Menschen. Er macht uns auf die eigenen Fähigkeiten aufmerksam. Aber immer müssen wir in uns selbst hineinhorchen und uns fragen: Will dieser Ruf, den ich da höre, mich zu etwas führen, was mir übergestülpt wird, oder zu meiner ureigensten Berufung, zu dem Weg, auf dem ich all das entfalten kann, was Gott mir geschenkt hat? Es braucht immer eine Klärungszeit, bis wir erkennen können, was unser Ruf ist. Die Jünger sind auch einen ganzen Tag bei Jesus geblieben und haben genau gesehen, was er für ein Mensch ist und was von ihm ausgeht. Es ist gut, zum Beispiel für einige Zeit in einer Firma mitzuarbeiten, um zu spüren, ob das Klima für mich passt, ob ich mich auf diese Arbeit und diese Menschen einlassen kann. Wenn mein innerstes Gefühl dagegen rebelliert, sollte ich das ernst nehmen. Die Berufung geht über das Gefühl, das entsteht, wenn wir einen Beruf oder eine Firma näher kennenlernen. Es geht ja immer auch darum, ob ich mit den konkreten Menschen, die den angestrebten Beruf ausüben, zurechtkomme oder nicht.

Und noch einen anderen Aspekt der Berufung zeigt uns Johannes auf. Philippus wirbt Natanael. Doch der zögert und zweifelt. Jesus begegnet ihm und erkennt sein innerstes Wesen. Jesus spürt, was in diesem Mann steckt (vgl. Johannes 1,47–50). Die Erfahrung, dass Jesus – gleichsam der neue Arbeitgeber – spürt, was das Wesen dieses Mannes ist und welche Möglichkeiten in ihm bereitliegen, gibt Natanael das Vertrauen, dass es richtig ist, dem Ruf Jesu zu folgen. Manchmal brauchen wir andere Menschen, die in uns die Fähigkeiten sehen, die wir bisher nicht wahrgenommen haben, und die spüren, in welchem Beruf wir das Potenzial entfalten können, das Gott uns geschenkt hat.

Was die biblischen Berufungsgeschichten zu unserem eigenen Beruf sagen wollen, ist dies: Es genügt nicht, einfach so dahinzuleben und den nächstbesten Job anzunehmen. Wir sind von Gott zu etwas berufen. Die Würde des Menschen besteht darin, dass Gott ihn ruft, ihn beruft, in dieser Welt etwas auszudrücken, was nur durch ihn ausgedrückt werden kann, und in dieser Welt eine ganz persönliche Lebensspur einzugraben. Wir sollen nicht einfach nur einer Arbeit nachgehen, sondern uns immer auch fragen, ob sie unserer Berufung entspricht. Wir sollen unseren Beruf beseelen. Das gelingt nur, wenn wir uns auch dazu berufen fühlen. Natürlich wird nicht jede Arbeitsstelle unserer innersten Berufung entsprechen. Und unsere Berufung geht auch nicht auf in unserem Beruf. Vielleicht fühle ich mich als Vater oder Mutter berufen oder als Freund oder Freundin, als Mensch, der anderen Mut macht zum Leben, der Freude in die Welt bringt. Um meine Berufung zu verstehen und den Beruf zu finden, der ihr entspricht, ist es notwendig, auf die eigene Lebensgeschichte, auf unsere Sehnsüchte und auf die leisen Impulse aus unserem Inneren zu hören.

So ähnlich wie Jesus die Jünger ruft: »Kommt her und folgt mir nach«, schreibt auch Benedikt im Prolog zur Regel vom Ruf Gottes an uns:

>»Kommt, ihr Söhne, hört auf mich! Die Furcht des Herrn
>will ich euch lehren. Lauft, solange ihr das Licht des Lebens
>habt, damit die Schatten des Todes euch nicht überwälti-
>gen.« (Psalm 34,12) Und der Herr sucht in der Volksmenge,
>der er dies zuruft, einen Arbeiter für sich und sagt wieder:
>»Wer ist der Mensch, der das Leben liebt und gute Tage
>zu sehen wünscht?« (Psalm 34,13) Wenn du das hörst und
>antwortest: »Ich«, dann sagt Gott zu dir: »Willst du wahres
>und unvergängliches Leben, bewahre deine Zunge vor Bö-
>sem und deine Lippen von falscher Rede! Meide das Böse
>und tu das Gute; suche den Frieden und jage ihm nach!«
>(Psalm 34,14f)
>Regel Benedikts, Prolog 12-17

Gott möchte die Menschen, die auf seinen Ruf hören, zuerst einmal Gottesfurcht lehren. Die Furcht vor Gott hat nichts mit Angst zu tun. Sie meint ein Betroffenwerden durch Gott, ein Ernstnehmen Gottes. Zu dieser Furcht gehört zugleich die Lust am Leben. Der Ruf, der an uns ergeht, will uns nicht überfordern. Er will in uns vielmehr die Lust am Leben wecken. Doch sie besteht nicht in äußeren Vergnügungen. Benedikt zeigt im Psalmvers, wie wir Lust am Leben gewinnen können: das Böse meiden und das Gute tun. Dabei denkt Benedikt vor allem an unser Reden und Sprechen. Wir sollten uns davor hüten, über andere zu reden. Wir sollen in allem dem Frieden nachjagen. Das führt uns zur Lust am Leben. Und darin besteht letztlich geistliches Leben: Lust am Leben haben. Das gilt auch für die Arbeit: Ich soll Lust daran haben. Das heißt nicht, dass mir alles Spaß machen muss. Lust empfinde ich gerade dann, wenn ich versuche, meine Arbeit gut zu machen, gut über andere zu sprechen und Frieden zu bewahren mit allen Mitarbeitern. Die Lust an der Arbeit drückt sich dadurch aus, dass ich um mich herum Freude verbreite. Die Arbeit muss nicht aus sich heraus Freude bereiten. Aber es ist auch eine Entscheidung, dass ich die Arbeit gern tue. Dann wächst in mir die Freude an der Arbeit. Und dann ist der Ruf in die Arbeit durchaus ein Ruf zur Lust am Leben.

Sich mit der eigenen Lebensgeschichte aussöhnen

Oft hindern uns verletzende Erfahrungen aus der Kindheit daran, uns auf die Arbeit und auf die Menschen um uns herum angemessen einzulassen. In der Psychologie spricht man davon, dass jeder in sich ein göttliches Kind und ein verletztes Kind trägt. Das verletzte Kind meldet sich immer dann zu Wort, wenn es heute auf ähnliche Weise verletzt wird. Es regt sich in uns manchmal bei ganz harmlosen Worten oder Begegnungen. Wir reagieren auf einmal empfindlich und unser Gegenüber weiß dann gar nicht, warum wir so übertrieben reagieren. Da ist zum Beispiel Michael. Seine Frau hat beim Einkaufen vergessen, seinen Lieblingskäse mitzunehmen. Als sie heimkommt, schreit sie Michael an, sie würde sich überhaupt nicht um ihn kümmern. Sie würde ihn nicht ernst nehmen. Die Reaktion ist übertrieben. Als Michael über seine eigene heftige Reaktion erschrickt, erkennt er, dass seine Frau ihn an eine alte Wunde erinnert. Er hatte das Gefühl, dass seine Mutter ihn nicht ernst genommen hat: Seine Wünsche seien unrealistisch und kindisch. Sie wüsste besser, was er braucht. Michael versteht sich selbst nicht.

Wie Michael reagieren auch wir manchmal heftig auf ein Wort des Arbeitskollegen oder darauf, wenn er etwas vergessen hat. Wir meinen dann gleich, das sei gegen uns gerichtet. Wenn wir oft empfindlich auf die anderen reagieren, werden wir uns immer mehr zurückziehen. Dann wird unsere Arbeit Schaden leiden. Und wir können nicht objektiv mit der Arbeit und mit den Mitarbeitern umgehen.

Das Markusevangelium erzählt uns die Begegnung Jesu mit den Kindern. Seine Jünger wollen Jesus davon abhalten, sich auf die Kinder einzulassen. Das sei Zeitverschwendung. Doch Jesus lässt sich durch die rationalen Argumente seiner Jünger nicht davon abhalten. Manche Erwachsene reagieren heute ähnlich, wenn ich vom inneren Kind spreche. Sie sind der Meinung, wir sollten unsere Probleme rational lösen. In die eigene Kindheit zu schauen, das sei Zeitverschwendung. Wir sollten uns der Gegenwart zuwenden und nicht in unserer Vergangenheit graben. Doch unsere Gegenwart wird getrübt, wenn wir uns nicht unserer Vergangenheit bewusst werden. Das verletzte Kind in uns trübt unsere Augen, sodass wir die Dinge nicht so sehen können, wie sie sind.

Jesus wendet sich den Kindern zu:

Er nahm die Kinder in seine Arme; dann legte er ihnen die Hände auf und segnete sie.
Markus 10,16

Viele von uns kennen ein übersehenes Kind in sich. Als Kind sind sie vom Vater oder von der Mutter zu wenig gesehen worden. Sie haben in der Familie gelebt. Aber sie wurden nicht wirklich in ihrer Besonderheit gesehen. Sie liefen einfach mit. Aber was ihre Einmaligkeit ausmacht, das wurde nicht gesehen. Andere Dinge waren für die Eltern wichtiger. Das übersehene Kind in uns interpretiert das Verhalten des Chefs oder eines Mitarbeiters so, als ob er uns übersieht und kein Interesse an uns hat. Und dann fühlt sich das übersehene Kind verletzt. Es schreit innerlich auf.

Oft übersehen uns die anderen gar nicht, auch wenn wir das Gefühl haben, übersehen zu werden. Wir können oft nicht objektiv erkennen, ob wir wirklich übersehen werden oder ob wir nur das Gefühl haben. Wenn das übersehene, das verletzte Kind in uns aufschreit oder sich in uns regt, dann sollen wir uns wie Jesus auf dreifache Weise diesem übersehenen Kind zuwenden:

Wir sollen es umarmen und uns ihm in Liebe zuwenden. Wir sollen es nicht dafür tadeln, dass es aufschreit. Wie die Mutter das schreiende Kind in den Arm nimmt, ohne es zu schimpfen, so sollen es wir machen. Dann beruhigt sich das übersehene Kind. Es fühlt sich angenommen.

Der zweite Schritt ist: Jesus legt den Kindern die Hände auf. Er bietet einen Schutzraum an, in dem sich das Kind behütet fühlt. So sollen wir dem verletzten Kind in uns einen Raum anbieten, in dem es geborgen ist und geschützt von den verletzenden Blicken, die von außen auf uns einströmen.

Und wir sollen es segnen. Segnen heißt im Lateinischen und Griechischen: gut sprechen, gute Worte sagen. Wir sollen dem Kind gut zureden, etwa so: »Ja, du fühlst dich übersehen. Das tut dir weh. Aber ich bin jetzt bei dir. Ich schaue dich an. Ich übersehe dich nicht. Ich sehe deinen Schmerz. Aber ich sehe auch deine Sehnsucht, angesehen zu werden und so Ansehen zu erhalten. Ich schaue dich an und lade dich ein, jetzt dich selbst anzuschauen. Du bist nicht nur das übersehene Kind. Du bist schon erwachsen geworden. Schau dich nun selbst an.«

Verletzte Kinder, die sich gerade in der Arbeitswelt immer wieder zu Wort melden, sind: das überforderte Kind, das nicht genügende Kind und das abgelehnte Kind. Eine Frau musste schon mit sieben Jahren für die Familie kochen, weil die Mutter immer kränklich war. Doch als die Frau in einer Firma arbeitete, hatte sie immer Angst, wenn sie eine neue Aufgabe bekam. Sie dachte, sie sei damit überfordert. Das überforderte Kind meldete sich in ihr zu Wort. Und so hat sie sich oft nicht einmal getraut, ganz einfache Arbeiten zu übernehmen. Sie hat sich selbst blockiert. Auch da wäre es gut, sich dem überforderten Kind zuzuwenden, es liebevoll zu umarmen und ihm Mut zu machen: »Du hast inzwischen vieles gelernt. Du kannst die Arbeit schaffen. Und wenn du es nicht schaffst, macht es auch nichts. Aber probiere es aus. Das wird dich stärken. Du wirst auch in Zukunft Lust bekommen, etwas Neues zu wagen.«

Viele machen in ihrer Kindheit die Erfahrung, den Erwartungen der Eltern nicht zu genügen. Das nicht genügende Kind hat später in der Schule das Gefühl, dass es nicht gut genug ist. Und bei der Arbeit meint es immer, die anderen seien besser, es selbst sei nicht qualifiziert genug für die Tätigkeit. Menschen, die ein nicht genügendes Kind in sich haben, machen sich selbst nieder. Sie denken: »Ich bin das Geld nicht wert, das ich verdiene. Ich müsste viel besser sein.« Es ist unsere Aufgabe, dieses nicht genügende Kind in den Arm zu nehmen und ihm zu sagen: »Ich verstehe deinen Schmerz darüber, dass dir die Eltern vermittelt haben, du seist nicht gut genug. Aber ich stehe zu dir. Für mich bist du gut genug. Es ist gut, wie du bist. Du musst nicht der oder die beste sein. Du darfst so sein, wie du bist. Ich bleibe bei dir. Ich bin gerne bei dir. Mir genügst du.« Wenn wir uns dem verletzten Kind in uns liebevoll zuwenden und es umarmen, wird es langsam leiser. Es meldet sich nicht mehr so laut zu Wort, sondern nur als empfindliche Regung. Es erinnert uns daran, dass da noch ein verletztes Kind in uns ist. Es macht uns sensibler für uns und für unsere Kollegen. Aber es stört das Miteinander nicht mehr.

Doch es genügt nicht, das verletzte Kind zu umarmen. Wir sollen uns auch dem göttlichen Kind in uns zuwenden. Das göttliche Kind ist auf dem Grund unserer Seele. Es ist ein Bild für das einmalige Bild, das Gott sich von uns gemacht hat. Ein Bild für unser wahres Selbst und für all die Fähigkeiten, die Gott uns geschenkt hat. Wenn wir mit dem göttlichen Kind in uns in Berührung sind, dann treffen uns die Verletzungen von außen nicht mehr, dann sind wir frei gegenüber den Erwartungen und Beurteilungen der Kollegen und Chefs, dann sind wir ursprünglich und authentisch. Wir sind frei von allen fremden Bildern, die man uns im Laufe unseres Lebens übergestülpt hat. Und wir sind auch frei von den ständigen Selbstvorwürfen, mit denen sich manche Menschen selbst zerfleischen und sich das Leben schwer machen. Das göttliche Kind bringt uns in Einklang mit uns selbst. Es schafft in uns Frieden, Freiheit, Weite und Lebendigkeit. Und es ist eine Quelle von Liebe in uns, die auch dann nicht versiegt, wenn wir von außen nicht soviel Liebe erfahren.

Zur Zeit Benedikts hat man die Probleme der Menschen kaum mit den Verletzungen ihrer Kindheit in Verbindung gebracht. Man hat sich den gegenwärtigen Problemen gestellt. Aber auch da wurde sichtbar, dass es Menschen gibt, die sich kaum in die Gemeinschaft einordnen können. Benedikt reagiert auf diese Menschen nicht, indem er moralisiert, sondern mit dem Verständnis des Arztes. Und er weist den Abt an, wie ein Arzt auf die Brüder einzugehen. Er weiß, dass keiner aus einer Laune heraus schwierig ist, sondern immer aufgrund einer inneren Not. So schreibt Benedikt:

> *Mit größter Sorge muss der Abt sich um die Brüder kümmern, die sich verfehlen, denn nicht die Gesunden brauchen den Arzt, sondern die Kranken. Daher muss der Abt in jeder Hinsicht wie ein weiser Arzt vorgehen. Er schicke Senpekten, das heißt ältere weise Brüder. Diese sollen den schwankenden Bruder im persönlichen Gespräch trösten und ihn zu Demut und Buße bewegen. Sie sollen ihn trösten, damit er nicht in zu tiefe Traurigkeit versinkt. Es gelte, was der Apostel sagt: »Die Liebe in ihm soll erstarken.« (2 Korinther 2,8) Alle sollen für ihn beten.*
>
> Regel Benedikts 27,1–4

Was für den Abt und die älteren Mitbrüdern gilt, die liebevoll wie ein Arzt mit dem kranken Mitbruder umgehen sollen, das können wir auch persönlich verstehen. Der Abt, der weise Mensch in uns soll sich liebevoll um unser verletztes Kind kümmern. Unser wahres Selbst soll mit dem verletzten Kind ins Gespräch kommen, um es zu trösten. Das lateinische Wort für trösten ist »consolari«. Es meint, dass der väterliche oder mütterliche Mensch in uns liebevoll hineingeht in die Einsamkeit des verletzten Kindes, dass wir mit ihm sprechen und es trösten und stärken. Das Ziel dieses Stärkens ist, dass wir nicht in Traurigkeit versinken und nur darüber jammern, dass wir so verletzt worden sind. Vielmehr geht es darum, dass in uns die Liebe stärker wird. Indem wir uns liebevoll unserem verletzten Kind zuwenden, erstarkt in uns die Liebe. Wir kommen in Berührung mit der Liebe, nach der sich das verletzte Kind sehnt. Und diese Liebe stärkt das verletzte Kind und heilt es. Wir sind also nicht einfach hilflos den Verletzungen unserer Kindheit ausgesetzt. Wir können liebevoll darauf reagieren und verwandeln so unsere Wunden in Einfallstore der Liebe.

Eigenschaften

Die Seligpreisungen als Voraussetzungen des Arbeitens

Der heilige Benedikt schärft dem Cellerar, dem wirtschaftlichen Leiter des Klosters, ein, er solle zuerst an sich selbst arbeiten. Er solle sich in Haltungen einüben, die ihm eine gute Arbeit ermöglichen. Diese Haltungen sind für jeden Angestellten hilfreich. Da ist einmal die Weisheit. Wer mit anderen arbeitet, muss sich selbst annehmen und schmecken können. Nur dann geht von ihm ein guter Geschmack für andere aus. Er soll nicht hektisch sein und herumhetzen. Das deutsche Wort hetzen kommt von hassen. Hetzen meint: jemanden antreiben, immer mehr zu arbeiten. Viele hetzen sich selbst bei der Arbeit. Sie treiben sich ständig an, immer noch mehr und noch schneller zu arbeiten. Wer gehetzt arbeitet, der hasst sich selbst. Und von ihm geht eine Atmosphäre der Aggressivität aus. Er hasst auch die Menschen, die mit ihm arbeiten.

Benedikt spricht noch zwei andere negative Haltungen an, die der Cellerar nicht haben soll. Er soll nicht verletzend und nicht langsam sein. Manche verletzen sich selbst bei der Arbeit. Sie arbeiten zuviel. Sie überfordern sich mit der Arbeit. Doch dann sind sie oft auch verletzend zu ihren Mitarbeitern. Sie gehen hart mit ihnen um und kritisieren sie ständig. Es ist ein psychologisches Grundgesetz, dass wir die Verletzungen, mit denen wir uns nicht ausgesöhnt haben, weitergeben. Entweder wir verletzen uns selbst oder wir verletzen andere. Daher gehört es zur Vorbereitung auf die Arbeit, dass wir uns aussöhnen mit unserer Lebensgeschichte. Nur dann wird von uns eine heilsame Atmosphäre ausgehen.

Und wir sollen nicht langsam sein. Das mag seltsam klingen in einer Welt ständiger Beschleunigung. Viele geistliche Autoren fordern Entschleunigung, Verlangsamung im Leben. Doch es gibt auch eine Langsamkeit in der Arbeit, die auf innere Probleme hinweist. Manche Menschen sind langsam bei der Arbeit, weil sie zuviel Energie für sich selbst verbrauchen. Sie kreisen immerfort um die Frage, ob sie genügend gesehen werden, ob sie alles gut machen. Sie lassen sich nicht auf die Arbeit ein, sondern beobachten ständig sich selbst bei der Arbeit. Diese Selbstbeobachtung macht sie bei der Arbeit langsam und raubt ihnen die Energie, die sie für die Arbeit brauchen. Benedikt fordert den Cellerar auf, nicht langsam zu sein. Wenn er sich auf die Arbeit einlässt, ohne ständig darauf zu schielen, wie die anderen seine Arbeit beurteilen, dann ist er schnell. Er ist nicht hektisch, aber die Arbeit geht zügig voran, weil sie nicht von inneren Hindernissen blockiert wird.

Auch die Bibel beschreibt uns immer wieder Haltungen, die wir brauchen, damit unser Leben gelingt. Paulus zählt manchmal Tugendkataloge auf und zeigt uns, welche Tugenden uns befähigen, unsere Aufgabe in der Welt gut zu erfüllen. Ich möchte jedoch nicht diese Tugendkataloge auslegen, sondern die acht Haltungen beschreiben, die Jesus uns in den Seligpreisungen vor Augen hält.

Ich lege sie im Blick auf die Arbeit aus und beschreibe sie als Haltungen, die uns helfen, die Arbeit gut zu verrichten. Da ist einmal die Armut im Geiste. Das meint die innere Freiheit. Diese innere Freiheit gilt nicht nur für den Umgang mit Geld, sondern auch mit der Arbeit. Ich lasse mich ganz auf die Arbeit ein. Aber ich hänge nicht an ihr. Ich bleibe beweglich. Ich kann auch eine andere Arbeit annehmen.

Die zweite Haltung ist die Trauer. Das mag zunächst fremd erscheinen. Ich meine damit das Betrauern meiner eigenen Durchschnittlichkeit und meiner verpassten Lebenschancen. In der Arbeit werden wir immer auch mit unseren eigenen Grenzen konfrontiert. Wir sind nicht die idealen Mitarbeiter. Und auch die Firma ist nicht die ideale Firma. Wir werden bald ihre Schwächen erleben. Wenn uns das nicht bewusst ist, beginnen wir bald zu kritisieren oder zu denken, wir müssten die Firma sofort wechseln. Oder aber wir betrauern die Situation in der Firma und erkennen dann, dass sie trotz der Schwächen, die sie hat, doch einen Raum bietet, in dem wir uns entfalten und den Menschen helfen können. Wir sind nicht enttäuscht über uns, wenn wir an die eigenen Grenzen stoßen. Wir betrauern unsere Begrenztheit, wir nehmen Abschied von den Illusionen, die wir uns von uns selbst gemacht haben. Das ermöglicht es, uns ganz auf die Arbeit einzulassen, die uns gerade aufgetragen ist.

Die dritte Haltung ist die Gewaltlosigkeit oder die Sanftmut. Wir verzichten darauf, gegen uns selbst oder andere Gewalt auszuüben. Es gibt Mitarbeiter, die gewalttätig umgehen mit den Dingen, mit ihrem Werkzeug, mit ihrem Auto, mit sich selbst und mit ihren Kollegen. Gewaltlos kann auch sanftmütig bedeuten. Sanft kommt von sammeln. Sanftmütig ist der, der den Mut hat, alles, was er in sich wahrnimmt, zu sammeln. Viele gehen in die Arbeit und bringen nur einen Teil ihrer Person mit, etwa nur die intellektuelle Seite. Doch wenn jemand sich auf einen Bereich reduziert, können wir ihm nicht begegnen. Wir begegnen vielleicht seinem Kopf oder seiner Kompetenz, aber nicht dem Menschen. Doch die Arbeit gelingt nur, wenn wir als ganze Menschen anwesend sind. Dann wird das Miteinander gelingen. Denn mit halbierten Menschen lässt sich weder zusammenleben noch zusammenarbeiten.

Die vierte Haltung ist die Gerechtigkeit. Wir sollen hungern und dürsten nach Gerechtigkeit. Wir sollen uns selbst und unseren Kollegen gerecht werden. Wenn wir sie ungerecht behandeln, entstehen viele Reibungen. Dann kämpft jeder gegen jeden. Die Bibel sagt aber: Wer Gerechtigkeit sät, wird Frieden ernten. In einer ungerechten Atmosphäre entstehen Kämpfe und Kleinkriege untereinander. Und es geht viel Energie mit diesen ungerechten Spielen verloren. Wir erwarten Gerechtigkeit von der Unternehmensleitung. Aber auch wir selbst sollen uns um Gerechtigkeit bemühen. Wir sollen uns selbst und den Mitarbeitern, aber auch den Kunden gerecht werden, ihrer Würde gerecht werden.

Barmherzigkeit scheint eine Haltung zu sein, die nicht in die raue Welt der Arbeit passt. Doch heißt Barmherzigkeit nicht Nachgiebigkeit. Vielmehr ist das Wesen der Barmherzigkeit, dass sie nicht bewertet und beurteilt. Ich soll zuerst barmherzig mit mir selbst umgehen, sodass ich mich nicht ständig kleinmache oder verurteile. Dann werde ich auch barmherzig mit den Kollegen umgehen. Ich werde mein Herz für sie öffnen. Es braucht eine herzliche Atmosphäre, um gut arbeiten zu können. In einem herzlosen Klima gelingt die Arbeit nicht. Wenn die Herzen der Mitarbeiter füreinander offen sind, dann entsteht eine innere Verbundenheit. Und die Verbundenheit fördert die Lust an der Arbeit. Sie ist die Bedingung, dass alle gerne miteinander arbeiten.

Wenn Jesus diejenigen selig preist, die ein reines Herz haben, dann meint er damit Menschen, die ohne Nebenabsichten sind. Sie sind klar und lauter. Sie meinen es so, wie sie es sagen. Sie begegnen einem ohne Hintergedanken. Solche Menschen mit einem reinen Herzen tun einer Firma gut. Und sie tun uns gut. Das reine Herz übt sich ein in ein Schauen, das im anderen das Gute und Schöne erkennt. Solche reinen Augen ermöglichen es uns, das Gute und Schöne in uns selbst zu entdecken und daran zu glauben. Vor gierigen, vereinnahmenden, verurteilenden und bewertenden Augen dagegen schützen wir uns. Denn wir fühlen uns bei solchen Blicken nicht wohl. Das reine Herz zeigt sich aber auch in einem reinen Sprechen. Wenn unser Sprechen ohne Nebenabsichten ist, wenn wir uns mit unseren Worten nicht selbst in den Mittelpunkt stellen und uns besser darstellen als wir sind, sondern einfach die Dinge sagen, die zu sagen sind, dann schafft das eine reine Atmosphäre am Arbeitsplatz. Wenn unser Reden aber von unseren Aggressionen und Enttäuschungen getrübt ist, betreiben wir eine emotionale Umweltverschmutzung.

Die nächste Seligpreisung bezieht sich auf die Friedensstifter. Wer in einem Unternehmen Unfrieden verbreitet, schadet dem ganzen Arbeitsklima. Wir möchten in innerem Frieden mit uns selbst arbeiten. Das gelingt uns nur, wenn wir mit uns selbst ausgesöhnt sind. Aber wir sollen auch Frieden in unserer Umgebung stiften. Frieden entsteht nicht, indem wir die Konflikte verdrängen oder überspringen. Das griechische Wort für Frieden, »eirene«, meint die Harmonie. Es kommt aus der Musik. Frieden am Arbeitsplatz entsteht, wenn alle Menschen mit ihren jeweils verschiedenen Tönen zusammenklingen, wenn jeder ganz er selbst sein kann und doch offen ist für das Konzert aus vielen Tönen. Es verlangt die Achtung vor der Andersheit des anderen. Das lateinische Wort »pax« hat als Hintergrund das Gespräch. Die Römer waren überzeugt, dass man Frieden nur durch Gespräche schaffen kann. Dabei sollen die verschiedenen Meinungen zur Sprache kommen. Wenn man nicht gegen den anderen redet, ihn nicht überreden will, sondern mit ihm spricht und ins Gespräch kommt, dann entsteht Frieden, dann entstehen Lösungen und Wege, die für allen Frieden bedeuten.

Die letzte Seligpreisung scheint auf den ersten Blick eine Überforderung zu sein:

Selig, die um der Gerechtigkeit willen verfolgt werden.
Matthäus 5,10

Doch sie zeigt einen Weg, wie wir mit schwierigen Situationen, zum Beispiel mit Mobbing, Ablehnung oder ungerechter Behandlung, umgehen können. Gregor von Nyssa interpretiert diese Seligpreisung vom Sport her: Wenn ich 1.000 Meter laufen will, brauche ich andere, die mit mir laufen. Wenn sie mir gut folgen, wenn sie mich gleichsam verfolgen, dann werde ich schneller laufen. Diese Erfahrung überträgt Gregor nun auf unser Leben. Selbst wenn uns böse Menschen verfolgen, können sie uns nicht schaden. Sie zwingen uns nur, schneller auf Gott zuzulaufen. Auf die Arbeitswelt bezogen bedeutet dies: Wenn Kollegen oder Chefs gegen mich arbeiten, wenn sie mir schaden wollen, werden sie keine Macht über mich bekommen, wenn ich mich von ihnen antreiben lasse, auf Gott hin zu laufen. Ich kann es auch weltlicher ausdrücken: Wenn ich mich von den Intrigen der anderen antreiben lasse, immer mehr ich selbst zu werden, in meinen eigenen Grund zu gelangen, in den Raum der Stille, zu dem die verletzenden und kränkenden Worte der anderen keinen Zutritt haben. Die Verfolgung kann also eine Chance sein, innerlich zu reifen und den Weg in die innere Freiheit anzutreten.

Die acht Seligpreisungen zeigen uns acht Haltungen, die uns – wenn wir sie einüben – helfen, die Arbeit besser zu bewältigen. Diese acht Haltungen sind schon in uns. Wir müssen sie nicht künstlich erzeugen. Aber es ist unsere Aufgabe, sie in uns wieder aufleben zu lassen. Indem wir diese Haltungen meditieren, kommen wir in Berührung mit ihnen, werden sie in unser Bewusstsein eintreten und unser Handeln prägen. Und sie werden uns befähigen, auch in einer rauen Arbeitswelt gut zu leben. Jesus hat uns in den Seligpreisungen keine heile Welt versprochen. Er hat uns vielmehr einen Weg gezeigt, wie mitten in der Realität dieser Welt unser Leben gelingt. Es ist auch ein Weg, wie unsere Arbeit gelingen kann.

Aus Vertrauen und nicht aus Angst arbeiten

Eine wesentliche Haltung, die wir lernen müssen, um gut zu arbeiten, ist das Vertrauen. Es gibt Menschen, die alles, was sie tun, kontrollieren müssen. Sie müssen ihre Gefühle kontrollieren, aus Angst, die anderen könnten ihre Schwächen oder ihre emotionale Empfindlichkeit entdecken. Auch im Hinblick auf unsere Berufstätigkeit ist es ratsam, uns zu prüfen, ob wir dazu neigen, alles zu kontrollieren und vor lauter Angst uns eher zurückzuziehen, als etwas zu wagen.

Jesus spricht das Thema Angst und Kontrolle in seinem Gleichnis von den Talenten an. Ein Mann vertraut sein Vermögen seinen Dienern an, bevor er auf Reisen geht. Die beiden ersten Knechte arbeiten mit den Talenten, die sie mitbekommen haben. Ein Talent war damals sehr viel Geld. Die beiden ersten Knechte arbeiten damit, sie riskieren etwas. Und sie gewinnen jeweils den gleichen Betrag hinzu, der ihnen anvertraut wurde. Der dritte Knecht vergräbt sein Talent. Er hat Angst, er könnte etwas von dem Geld verlieren. Er möchte auf keinen Fall einen Fehler machen. Er kontrolliert das Geld, indem er es vergräbt. Doch sein Sicherheitsdenken führt ihn nicht zum Erfolg. Im Gegenteil: Der Herr behandelt ihn nach seiner Rückkehr schonungslos. Er sagt ihm:

Du bist ein schlechter und fauler Diener! Du hast doch ge-
wusst, dass ich ernte, wo ich nicht gesät habe, und sammle,
wo ich nicht ausgestreut habe. Hättest du mein Geld we-
nigstens auf die Bank gebracht, dann hätte ich es bei meiner
Rückkehr mit Zinsen zurückerhalten. Darum nehmt ihm das
Talent weg und gebt es dem, der die zehn Talente hat.
Matthäus 25,26-28

Die Worte klingen für uns sehr hart. Doch Jesus will uns mit diesem Gleichnis zeigen, dass Angst, Kontrolle und Sicherheitsdenken in die Katastrophe führen. Es gibt ein Sprichwort: »Wer alles kontrollieren will, dem gerät alles außer Kontrolle.« Jesus will
uns mit diesen harten Worten einladen, Abschied zu nehmen von
dem Wunsch nach absoluter Kontrolle, die in die Selbstzerstörung
führt, und stattdessen den Weg des Vertrauens zu gehen. Wenn
wir uns in die Arbeitswelt hineinwagen, brauchen wir Vertrauen,
damit wir mit den Gaben, die Gott uns geschenkt hat, auch umgehen und wir sie einsetzen.

Es kann sein, dass wir Fehler machen, dass manches nicht gelingt. Aber das ist immer noch besser, als gar nicht zu kämpfen
und sein Talent zu vergraben, aus Angst, es könnte einen Kratzer
erleiden. Wenn wir ängstlich arbeiten und darauf fixiert sind, was
andere von uns denken und ob sie wohl einen Fehler bei uns entdecken könnten, dann wird unsere Arbeit keinen Segen bringen.
Wir werden uns selbst vergraben. Wir verkümmern. Wir sollen
es wagen, aus Vertrauen zu arbeiten. Etwas zu tun, verlangt immer Vertrauen. Vertrauen kann ich nur, wenn ich mir eingestehe,

dass ich auch verlieren kann. Wer nicht verlieren kann, wird auch nichts gewinnen. So zeigt Jesus uns die Voraussetzungen für das Gelingen der Arbeit.

Natürlich hat nicht jeder volles Vertrauen, wenn er an seinen neuen Arbeitsplatz denkt. Wir kennen auch die Angst in uns. Wir sollten uns die Angst eingestehen. Aber das Gleichnis Jesu möchte uns Mut machen, die Angst zwar wahrzunehmen, uns aber von ihr nicht bestimmen zu lassen, sondern über sie hinauszugehen, ins Vertrauen hinein. Je mehr wir uns aus der Angst ins Vertrauen wagen, desto stärker wird das Vertrauen werden und desto mehr Freude wird uns die Arbeit machen.

Benedikt fordert das Vertrauen nicht nur von den Mönchen, sondern vor allem vom Abt. Ihn ermahnt er:

> *Er sei nicht stürmisch und nicht ängstlich, nicht maßlos und nicht engstirnig, nicht eifersüchtig und allzu argwöhnisch, sonst kommt er nie zur Ruhe.*
> Regel Benedikts 64,16

Der dritte Knecht vergräbt sein Talent aus Angst und weil er eifersüchtig ist auf die anderen beiden Knechte, die mehr bekommen haben als er selbst. Er ist engstirnig und reagiert nicht kreativ auf seine Situation, sondern – wie das lateinische Wort »obstinatus« es ausdrückt – verbohrt, verhärtet, hartnäckig. Mit dieser Hartnäckigkeit und Sturheit kommen wir nie zur Ruhe. Da schaden wir uns selbst. Nur die Weite und das Vertrauen lassen uns mit innerer Ruhe arbeiten, wie Paulus seine Christen ermahnt (2 Thessalonicher 3,12).

Sinn in der Arbeit sehen

Eine wesentliche Voraussetzung, dass wir in unserem Beruf gut und gerne arbeiten und dass er uns erfüllt, ist die Sinnhaftigkeit unserer Arbeit. Nur wenn wir Sinn in unserer Arbeit erkennen, haben wir genügend innere Motivation, auch schwierige Situationen durchzustehen. Dabei geht es nicht nur darum, in unserer konkreten Tätigkeit einen Sinn zu erkennen, sondern allgemein die Arbeit als sinnvoll zu erleben. Es gibt Menschen, die es sich finanziell leisten könnten, nicht zu arbeiten. Doch wenn sie auf die Arbeit verzichten, dann verliert ihr Leben auch an Sinn. Es ist sinnvoll für den Menschen, zu arbeiten. Das zeigt uns die Bibel schon am Anfang, wenn sie uns von der Schöpfung erzählt.

Das Alte Testament kennt zwei Schöpfungsgeschichten. Im älteren Schöpfungsbericht (Genesis 2,4–25) setzt Gott den Menschen in den Garten, damit er ihn bebaue, kultiviere und behüte. Der Mensch hat also eine Verantwortung für die Schöpfung. Er soll achtsam und behutsam mit ihr umgehen und das Werk des Schöpfers gleichsam fortsetzen. In dieser Erzählung hat die Arbeit keinen aggressiven Charakter. Vielmehr besteht sie darin, die Erde, die Gott geschaffen und mit Fruchtbarkeit beschenkt hat, zu bebauen. Die Arbeit dient nicht nur der Erde und der Fruchtbarkeit. Sie dient vielmehr auch Gott selbst. Der Mensch vollendet das Werk

Gottes. Seine Arbeit ist eine Fortführung des Wirkens Gottes. Und die Arbeit geschieht im Einklang mit Gott. Der Mensch wetteifert nicht mit Gott. Er dient Gott durch seine Arbeit.

Im jüngeren Schöpfungsbericht (Genesis 1,1–2,4) steht das Wort, das in der christlichen Tradition manchmal als Herrschaft des Menschen über die Natur missverstanden worden ist:

> *Gott segnete sie, und Gott sprach zu ihnen: Seid fruchtbar und vermehrt euch, bevölkert die Erde, unterwerft sie euch und herrscht über die Fische des Meeres, über die Vögel des Himmels und über alle Tiere, die sich auf dem Land regen.*
> Genesis 1,28

Doch diese Worte sind keine Legitimation für die Ausbeutung der Natur. Vielmehr geht es darum, dass der Mensch in seiner Arbeit Gottes Segenskraft an die übrige Schöpfung weitergibt.

Noch ein anderer Aspekt ist mir an der Schöpfungserzählung wichtig. Nachdem Gott alles erschaffen hatte, heißt es:

> *Gott sah alles an, was er gemacht hatte. Es war sehr gut.*
> Genesis 1,31

Die Griechen übersetzen das hebräische Wort »tov« mit »kalos«, das schön heißt. Gott sah also alles an. Und es war sehr schön. Das ist die Würde der menschlichen Arbeit, dass der Mensch das

Leben schöner machen kann, dass er schöne Dinge herstellt und sich an dem erfreut, was er geschaffen hat. Und dann heißt es:

Am siebten Tag vollendete Gott das Werk, das er geschaffen hatte, und er ruhte am siebten Tag, nachdem er sein ganzes Werk vollbracht hatte.

Genesis 2,2

Das Ausruhen gehört also auch zur Arbeit. Durch die Ruhe, die auf die Arbeit folgt, wird das Werk erst vollendet. Das ist eine wichtige Botschaft für uns heute. Viele Menschen können das, was sie gearbeitet und geschaffen haben, nicht genießen. Es muss sofort weitergehen. So wird das Werk, das sie geschaffen haben, Stückwerk bleiben. Unsere Arbeit kommt erst zur Vollendung, wenn wir wie Gott ausruhen vom Werk unserer Hände und wenn wir mit Gott auf das schauen können, was wir getan haben. Viele haben gar keine Zeit, auf das zu schauen, was sie gearbeitet haben. Dann aber bleibt ihre Arbeit unvollkommen. Denn das Ausruhen und das Schauen auf das Werk und das Gefühl von Dankbarkeit und Freude, dass alles gut und schön ist, was wir getan haben, gehören wesentlich zur Arbeit. Wer das vor lauter Arbeit vergisst, der kann die Arbeit nie genießen. Für den bekommt sie eher den Charakter von Sklavenarbeit. Schöpferische Arbeit verlangt ein Ausruhen von der Arbeit und Anschauen dessen, was wir getan haben. Dadurch wird die Arbeit erst vollendet. Im Reflektieren haben wir das Gefühl, dass es sich gelohnt hat zu arbeiten: Wir haben für Gott und für die Menschen gearbeitet. Und es ist gut und schön, was wir geschaffen haben.

Nach der Vertreibung aus dem Paradies bekommt die Arbeit einen anderen Charakter. Jetzt wird sie mühsam. »Im Schweiße deines Angesichts sollst du dein Brot essen« (Genesis 3,19). Der Mensch hat die Verpflichtung zu arbeiten. Er muss seinen Lebensunterhalt selbst verdienen. Wer sich nicht anstrengt und nicht vernünftig vorsorgt, schädigt sich selbst und seine Familie. Daher wird in den Sprichwörtern, die das Alte Testament sammelt, der Faule immer wieder kritisiert. Allerdings soll der Mensch auch nicht Reichtum ansammeln und darauf sein Vertrauen setzen. Das Alte Testament geht von der Arbeit in der Landwirtschaft aus. Aber es kennt auch die Arbeit des Verwaltungsbeamten, des Schreibers und des Lehrers. Sowohl das Alte wie das Neue Testament macht die Abwertung der körperlichen Arbeit, wie sie im griechischen und römischen Umfeld üblich war, nicht mit. Die Handarbeit wird vielmehr geschätzt.

Der Blick in die Bibel zeigt uns also, dass Arbeit sinnvoll ist. Wir haben teil an der Schöpferkraft Gottes. Unsere Arbeit hat den Sinn, diese Welt bewohnbarer zu machen, den Garten dieser Welt zu hegen und zu pflegen, damit die Menschen, die in diesem Garten leben, sich daran freuen und die Schönheit genießen können. Und es geht natürlich auch darum, den eigenen Lebensunterhalt zu verdienen. Das verlangt oft Anstrengung und Mühe. Aber es verschafft uns auch innere Freiheit. Wir können unser Auskommen selbst verdienen und sind nicht als Almosenempfänger abhängig von Wohltätern. Benedikt fügt noch einen weiteren Sinn der Arbeit hinzu: Die Arbeit geschieht für die Menschen. Sie ist Dienst am Menschen. Und sie ist eine spirituelle Aufgabe. Durch die Arbeit können wir spirituell wachsen. Die Arbeit ist der Ort, an dem wir Haltungen wie Demut, Hingabe, Liebe, Barmherzigkeit und Mitfühlen mit den Menschen lernen.

Der Sinn, den Benedikt der Arbeit gibt, wird deutlich in seinen Anweisungen für den wöchentlichen Dienst in der Küche:

> Die Brüder sollen einander dienen. Keiner werde vom Küchendienst ausgenommen, es sei denn, er wäre krank oder durch eine dringende Angelegenheit beansprucht; denn dieser Dienst bringt großen Lohn und lässt die Liebe wachsen.
>
> Regel Benedikts 35,1f

Der Sinn der Arbeit besteht für Benedikt im Dienst. Dienen bedeutet nicht, sich kleinzumachen, sondern das Leben in anderen zu wecken. Benedikt spricht hier vom Tischdienst. Der Tischdiener sorgt dafür, dass die Mönche ruhig und im Frieden essen und dass es ihnen schmeckt, dass sie Lust am Leben empfinden. Arbeit als Dienst tut aber nicht nur den Menschen gut, denen wir dienen und in denen wir das Leben hervorlocken. Sie tut auch uns selbst gut. Benedikt spricht vom Lohn, den die Arbeit mit sich bringt. Wir freuen uns, wenn wir durch unsere Arbeit in anderen Leben wecken können, wenn es uns gelingt, dass andere an unserer Arbeit Freude haben. Der eigentliche Sinn aber besteht für Benedikt darin, dass die Arbeit die Liebe in uns wachsen lässt. Diese Aussage scheint unserer rauen Arbeitswelt eher fremd. Doch wenn wir in der Arbeit anderen Menschen dienen, wächst in uns die Liebe zu den Menschen. Und wir tragen dazu bei, dass auch in den Menschen, für die wir arbeiten, die Liebe wächst. Und in einer Atmosphäre der Liebe lässt sich leichter arbeiten. Das bestätigt auch die moderne Gehirnforschung: Eine Atmosphäre der Liebe lässt ein Klima entstehen, in dem das Gehirn immer neue Verbindungen schafft und daher kreative Lösungen ermöglicht. In einer Atmosphäre der Liebe verliert die Arbeit das Bedrückende und wird leichter. Sie geschieht aus Liebe und stärkt die Liebe in uns. Und in dieser Liebe blühen wir immer mehr auf.

Perfektionismus und Burn-out

Viele Menschen geraten heute in eine Erschöpfung, in einen Burn-out. Das hat viele Ursachen. Da gibt es Arbeitsbedingungen, die den Burn-out fördern, etwa ungerechte Strukturen, ein Zuviel an Arbeit, mangelnde Anerkennung durch die Führungskräfte, sinnlose Arbeit, Konflikte zwischen den Mitarbeitern, Mobbing. Aber es gibt auch innere Ursachen. Eine davon ist der Perfektionismus. Man möchte ja keinen Fehler machen. Man setzt sich unter Druck, damit man bei anderen gut ankommt, dass man sich keine Blöße gibt. Zu dem inneren Druck kommt dann noch der äußere Druck hinzu. Dann fühlt man sich irgendwann ausgepresst.

Jesus erzählt uns ein Gleichnis, in dem er uns einladen möchte, uns von unserem Perfektionismus zu verabschieden. Es ist das Gleichnis vom Unkraut im Weizen. Ein Mann sät guten Samen auf seinen Acker. Doch nach einiger Zeit wird das Unkraut sichtbar, das neben dem Weizen wächst. Die Knechte gehen zu ihrem

Herrn und fragen ihn, ob sie das Unkraut ausreißen sollen. Doch der Herr antwortet:

Nein, sonst reißt ihr zusammen mit dem Unkraut auch den Weizen aus. Lasst beides wachsen bis zur Ernte.
Matthäus 13,29f

Das Unkraut ist in seinen Wurzeln mit den Wurzeln des Weizens verbunden. Wenn man das Unkraut ausreißt, würde man auch den Weizen ausreißen. Und dann würde nichts wachsen. Wir sollen das Unkraut nicht wuchern lassen. Wir sollen es durchaus zurückschneiden, aber wir können es nicht mit der Wurzel ausreißen.

Dieses Bild gilt auch für unsere Arbeit. Natürlich sollen wir uns bemühen, möglichst wenig Fehler zu machen. Aber wer alle seine Energie darauf verwendet, absolut keinen Fehler zu machen und alles uneingeschränkt richtig zu machen, der verschwendet seine Energie. Er hat dann oft nicht die Kraft, etwas Gutes zu schaffen. Vor lauter Fixierung auf die Fehlerlosigkeit kommt nichts bei ihm heraus. Da wächst kein Weizen, der andere Menschen nährt.

Wenn ein Mensch um seinen eigenen Perfektionismus kreist, hat er immer Angst, dass die anderen doch auch seine unvollkommenen Seiten entdecken könnten. Und diese Angst lähmt ihn. Er ist bei jeder Arbeit so fixiert, alles richtig zu machen, dass er kaum vorankommt. Wer sich dagegen auf die Arbeit einlässt, bei dem wächst etwas. Da kommt etwas heraus. Seine Arbeit macht ihm Spaß und sie ist fruchtbar für andere. Aber sie ist für ihn nicht so anstrengend. Wer immer auf seine Fehler fixiert ist, dem geht viel Energie verloren.

Hinter dem Perfektionismus stehen verschiedene Bedürfnisse. Da ist einmal das Bedürfnis, alles gut zu machen. Das ist durchaus berechtigt – es kommt nur auf das Maß an. Ein anderes Bedürfnis ist: Ich möchte von allen anerkannt werden. Auch dieser Wunsch ist verständlich. Aber wenn ich ihn zu Ende denke, spüre ich, dass er unrealistisch ist. Ich kann nicht von allen anerkannt werden. Ich kann nicht bei allen beliebt sein. So ist der Perfektionismus eine Einladung, bei mir zu sein, mich selbst anzunehmen, anstatt Anerkennung von allen anderen zu erwarten. Und als letztes Motiv steckt hinter dem Perfektionismus die Angst, nicht gut genug zu sein, es nicht wert zu sein, diese Arbeit zu machen. Ich habe Angst um mich selbst, Angst, dass ich diesen Posten, an dem ich stehe, nicht verdient habe. Dann wäre der Perfektionismus die Einladung, mir einzugestehen, dass ich diese Arbeit mache, so gut ich kann. Aber es geht nicht um die Frage, ob ich sie verdient habe, ob ich gut genug bin. Ich bin einfach da und mache meine Arbeit. Und ich vertraue darauf, dass meine Arbeit gut ist und Segen bringt.

Benedikt verlangt von seinen Mönchen keinen Perfektionismus. Er weiß um ihre Schwächen. Er spricht von der Sorgfalt, mit der die Mönche ihre Arbeit verrichten und mit ihren Arbeitsgeräten umgehen. Der Perfektionismus wird gleichsam in Sorgfalt verwandelt:

Wer den Wochendienst beendet, soll am Samstag alles rei-
nigen und die Tücher waschen, mit denen sich die Brüder
Hände und Füße abtrocknen. Die Brüder, die den Wochen-
dienst beginnen und die ihn beenden, sollen allen die Füße
waschen. Die benutzten Geräte sollen dem Cellerar sauber
und unbeschädigt zurückgegeben werden. Der Cellerar aber
übergebe sie dem weiter, der den Dienst antritt. So weiß
er, was er gibt und was er zurückerhält.

Regel Benedikts 35,7-11

Benedikt legt Wert auf den sorgfältigen Umgang mit den Dingen.
Diese Sorgfalt bezieht sich auf die Tücher und auf das Werkzeug.
Interessant ist, dass Benedikt zwischen dem Waschen der Tücher
und der Rückgabe der sauberen Geräte von der Fußwaschung der
Brüder schreibt. Die Fußwaschung erinnert an den Dienst Jesu,
den er seinen Jüngern vor seinem Leiden erwiesen hat. Sie ist ein
Dienst der Liebe, der die Füße nicht nur reinigen, sondern sie auch
von Wunden heilen soll. Der sorgfältige Umgang mit den Dingen setzt gleichsam fort, was in der Fußwaschung geschieht: Ich
diene den Brüdern, indem ich sorgfältig mit den Dingen umgehe.
Ich berühre die Füße der Brüder liebevoll, aber genauso liebevoll
und achtsam gehe ich mit dem Werkzeug und mit den Dingen
der Schöpfung um. Wenn der Perfektionismus in Achtsamkeit
und Sorgfalt verwandelt wird, dann wird er zu einer guten Quelle für unsere Arbeit.

Ausdauer und Disziplin

Ausdauer und Disziplin sind Haltungen, die bei der Arbeit unbedingt notwendig sind. Es ist heutzutage nicht so leicht, bei der Arbeit diszipliniert zu sein. Zu viele Störfaktoren lenken uns ab. Das dauernde Surfen im Internet, immer online sein müssen, ständig auf das Tablet schauen, ob eine neue Nachricht eingegangen ist, all das zerstreut uns und hindert uns daran, uns ganz auf das zu konzentrieren, was wir gerade tun. Zerstreuung ist das Gegenteil von Disziplin. In der Zerstreuung sind wir überall und doch nirgends richtig. Die Disziplin sammelt alle unsere Kräfte auf das hin, was wir gerade arbeiten.

Eine weitere Tendenz widerspricht heute der Tugend der Disziplin: Man möchte bei der Arbeit Spaß haben. Sie soll einem gefallen. Das gehört sicher auch zur Arbeit. Aber ohne Disziplin wird die Arbeit auch keine Freude bereiten. Hildegard von Bingen schrieb einmal, Disziplin sei die Kunst, sich immer freuen zu können. Disziplin kommt von »discapere«, das meint: sein Leben selbst in die Hand nehmen. Ich bin nicht Sklave meiner Bedürfnisse. Ich lasse mich nicht einfach treiben oder werde zum Opfer der Umstände. Vielmehr nehme ich mein Leben selbst in die Hand und gestalte es. Zum Gestalten gehört aber auch das Begrenzen. Ich kann nicht uferlos gestalten. Es braucht eine gute Form. Und damit eine Form entsteht, muss manches weggeschnitten werden. Wenn ich das Gefühl habe, selbst zu leben und nicht von anderen gelebt zu werden, dann entsteht in mir eine innere Freude. Wenn ich jedoch ohne Disziplin arbeite, werde ich mich ständig ärgern, dass ich dies oder jenes vor mir hergeschoben oder manches nicht richtig erledigt habe.

Das griechische Wort für Ausdauer ist »hypomone«, was so viel bedeutet wie Standhalten und Geduld. Geduld ist aber nichts Passives. Vielmehr meint es das aktive Aushalten und die Ausdauer, etwas zu tragen. Im Lukasevangelium sagt Jesus:

> *Wenn ihr standhaft bleibt, werdet ihr das Leben gewinnen.*
> Lukas 21,19

Im Griechischen heißt es hier: »In eurem Aushalten gewinnt ihr eure Seelen.« Wer Ausdauer zeigt und den Bedrängnissen standhält, der gewinnt seine Seele, der kommt in Berührung mit ihr, dessen Seele wird stark. Wer immer nachgibt, wer jedes Bedürfnis sofort erfüllen muss, dessen Seele wird ihre Spannkraft verlieren.

Zu dieser Ausdauer gehört auch das Wartenkönnen. Das hat Jesus im schönen Gleichnis von der selbstwachsenden Saat ausgedrückt:

> *Mit dem Reich Gottes ist es so, wie wenn ein Mann Samen*
> *auf seinen Acker sät; dann schläft er und steht wieder auf,*
> *es wird Nacht und wird Tag, der Samen keimt und wächst,*
> *und der Mann weiß nicht, wie. Die Erde bringt von selbst*
> *ihre Frucht, zuerst den Halm, dann die Ähre, dann das volle*
> *Korn in der Ähre.*
> Markus 4,26-28

Uns geht heute die Fähigkeit ab, warten zu können. Unternehmen wollen schnelle Verbesserungen und Erfolge. Wir machen vierteljährliche Bilanz, um nachzuweisen, dass unsere Sanierungsmaßnahmen Erfolg zeigen. Doch das ist oft ein sehr kurzfristiger Erfolg. Er bringt uns in eine ungesunde Spannung. Viel sinnvoller ist es, einfach zu warten, dass das, was wir gesät haben, auch Frucht bringt. Aber die Frucht kann ich nicht jeden Tag beobachten. Ich muss die Saat erst einmal im Acker lassen und vertrauen, dass unsichtbar etwas wächst und dann für alle aufbricht. Diese Qualität des Wartens und der Ausdauer täte unserem Wirtschaften heute gut. Denn das ungeduldige Herumzerren an den Strukturen und an den Menschen verletzt sie nur und überfordert sie.

Der heilige Benedikt spricht in seiner Regel oft über die »disciplina«. Damit meint er einerseits die klare Ordnung, die der Abt der Gemeinschaft gibt und an die sich alle Mönche halten sollen. Zum anderen beschreibt er damit die Fähigkeit, sein Leben selbst in Ordnung zu bringen. So mahnt er den Abt, er solle durch sein Beispiel zeigen, dass er Gottes Gebote ernst nimmt. Sonst müsste er die Mahnung hören:

> *Was zählst du meine Gebote auf und nimmst meinen Bund*
> *in deinen Mund? Dabei ist Zucht (disciplina) dir verhasst,*
> *meine Worte wirfst du hinter dich.*
> Regel Benedikts 2,14, zitiert Psalm 50,16f

Vor allem den Kindern, die im Kloster erzogen werden, soll Disziplin beigebracht werden. Benedikt verlangt von seinen Mönchen:

*Alle sollen die Knaben bis zum Alter von fünfzehn Jahren
gewissenshaft zur Ordnung anhalten und beaufsichtigen,
doch geschehe auch dies immer maßvoll und überlegt.*

Regel Benedikts 70,4f

Im lateinischen Text steht hier »disciplinae diligentia«. Es heißt eigentlich: die Liebe zur Disziplin. In den jungen Menschen soll also die Liebe zur Disziplin geweckt werden. Das klingt für uns fremd. Wie kann man die Disziplin lieben? Doch wer sein Leben innerlich wie äußerlich ordnet, der freut sich seines Lebens. Für ihn ist Disziplin nicht etwas Hartes, das ihm abverlangt wird. Vielmehr weiß er, dass die Disziplin ihm guttut. Und so liebt er sie immer mehr. Ich spüre das selbst in meinem Leben als Mönch. Auf der einen Seite erscheint mir manchmal die Disziplin als etwas Auferlegtes. Doch auf der anderen Seite spüre ich, dass sie mir guttut. Und so liebe ich die Ordnung des klösterlichen Tages und die Disziplin, die das Leben im Kloster mir abverlangt. Die Disziplin bringt mich innerlich in Ordnung. Denn ich weiß, dass ich nicht nur geordnet bin, sondern dass in mir auch Chaos herrscht. Die Disziplin strukturiert dieses Chaos, dass es mich nicht zerreißt, sondern eine kreative Spannung erzeugt.

Beziehungen

Mit Bedrängnis und Mobbing umgehen

Eine bittere Erfahrung, die heute viele Menschen an ihrem Arbeitsplatz machen, ist Mobbing. Kollegen sind gegen mich. Sie schneiden mich und schließen mich von ihrer Gemeinschaft aus. Sie wollen mir schaden, indem sie mir die schwierigsten Arbeiten zuschieben. Sie machen mich beim Chef schlecht. Und sie grüßen mich am Morgen nicht, wenn ich ins Büro komme.

Es tut weh, Opfer von Mobbing zu werden. Eine biblische Geschichte zeigt, wie wir trotz Mobbing unsere Würde wahren und die schwierige Situation in Segen verwandeln können. Es ist die Geschichte von Josef. Er ist Opfer des Mobbings seiner Brüder geworden. Sie hassten ihn, weil er der Lieblingssohn des Vaters war. Einige der Brüder wollten ihn umbringen. Doch Juda konnte den Mord an seinem Bruder vereiteln. Der einzige Weg, der ihm blieb, war, Josef als Sklave an midianitische Kaufleute zu verkaufen. Doch die Bibel erzählt, dass Gott mit Josef war. Josef war bei seinem ägyptischen Herrn sehr beliebt. Und er sorgte dafür, dass im Haus seines Herrn alles gelang. Das war die erste Verwandlung von Mobbing in Segen. Josef fühlte sich nicht als Opfer. Er machte die Arbeit, die ihm aufgetragen war, so gut wie es ihm möglich war. Und so wurde Segen daraus.

Doch dann warf die Frau seines Herrn ein Auge auf ihn und wollte mit ihm schlafen. Er wies sie immer wieder ab, weil er seinem Herrn gegenüber treu war. Doch als eines Tages niemand im Haus war, packte sie ihn am Gewand und drängte ihn, mit ihr zu schlafen. Doch Josef entriss sich ihr und ließ sein Gewand in ihren Händen. Die Frau behauptete nun, dass dieser hebräische Sklave sie bedrängt habe und mit ihr schlafen wollte. Josefs Herr wurde wütend und ließ diesen ins Gefängnis werfen. Das war wieder eine Mobbingsituation. Doch auch hier verwandelte Josef die Situation. Er gewann das Wohlwollen des Gefängnisleiters, der ihm viele Aufgaben übertrug. Und immer wieder heißt es:

Was er auch unternahm, der Herr ließ es ihm gelingen.
Genesis 39,23

Der Pharao ließ seinen Obermundschenk und seinen Oberbäcker ins Gefängnis werfen. Josef bediente sie. Da hatten beide einen Traum. Josef deutet ihnen ihre Träume. Und die Realität zeigte, dass er die Träume richtig gedeutet hatte. So wie er sie gedeutet hat, so geschah es. Der Obermundschenk wurde wieder in sein Amt eingeführt. Der Oberbäcker wurde gehängt. Dann hatte der Pharao einen Traum und keiner konnte ihn deuten. Der Obermundschenk erinnerte sich an Josef und riet dem Pharao, diesen um Rat zu fragen. Josef deutete ihm den Traum. Und der Pharao war davon so angetan, dass er Josef zu seinem Stellvertreter machte.

Er ließ ihn gemäß seines Traumes Scheunen bauen, um die reiche Ernte zu lagern und sie für die Hungerjahre aufzubewahren. So hat Gott die Mobbingsituation wieder gewendet. Oder man kann auch sagen: Josef lässt seinen Kopf nicht hängen, wenn ihm Unrecht geschieht. Er geht einfach seinen Weg weiter, ist freundlich zu den Leuten. Und es gelingt ihm auf einmal alles. Er wendet seine Mobbingsituation in eine Situation des Segens.

Das wäre auch eine Herausforderung für uns. Mobbing tut immer weh. Aber ich darf den Menschen, die mich mobben, keine Macht geben, sondern konsequent bei dem bleiben, was ich tun soll. Und ich soll meine Aufgabe sorgfältig und gut verrichten. Dann darf ich vertrauen, dass Gott das Werk meiner Hände segnet und dass die Menschen, die gegen mich sind, irgendwann aufhören, gegen mich zu intrigieren. Wenn ich mich auf ihr Mobbing einlasse und mich als Opfer fühle, werden sie immer weitermachen. Sie spüren, dass sie mit ihrem Spiel etwas bei mir bewirken. Wenn ich jedoch einfach nur beobachte, was sie tun, ohne mich von ihnen bestimmen oder beeinflussen zu lassen, dann wird es für sie langweilig, dieses Spiel weiterzuspielen. Denn wenn ich nicht mitspiele, verliert das Spiel seinen Sinn. Und die anderen können irgendwann vielleicht erkennen, dass ich meinen Weg gehe und dass dieser Weg von Gott gesegnet ist.

Es gibt nicht nur Mobbing bei der Arbeit, sondern einfach nur schwierige Mitarbeiter oder schwierige Chefs. Ich kann darüber klagen, dass ich so einen komplizierten Chef oder Mitarbeiter habe. Dann fühle ich mich als Opfer. Und es geht mir nicht gut dabei. Ich gehe jeden Tag ungern zur Arbeit und die Arbeit strengt mich an. Jesus zeigt uns in einem Wort, wie wir kreativ mit dieser Situation umgehen können. In der Bergpredigt sagt er:

Wenn dich einer zwingen will, eine Meile mit ihm zu gehen, dann geh zwei mit ihm.

Matthäus 5,41

Das Wort Jesu wird verständlich aus der damaligen Situation: Palästina war von den Römern besetzt. Die römischen Soldaten hatten das Recht, jeden Juden zu zwingen, sie eine Meile weit zu begleiten, entweder um ihnen den Weg zu zeigen oder das Gepäck zu tragen. Man kann sich vorstellen, dass viele Juden das mit Widerwillen getan haben. Sie haben sich als Opfer gefühlt. Sie müssen den Besatzern jeden Wunsch erfüllen. Jesus sagt nun: Wenn dich ein Soldat fragt, eine Meile weit seinen Koffer zu tragen, dann geh zwei Meilen mit ihm. Du kommst mit dem Feind ins Gespräch. Und auf einmal spürt er, dass du nicht sein Feind bist. Dann kannst du ihn auf dem Weg als Freund gewinnen.

Auf die Arbeitssituation angewendet, bedeutet das: Wenn ich einen Chef habe, der ständig etwas von mir will und mir manchmal willkürliche Befehle gibt, dann höre ich auf, über ihn zu jammern. Ich lasse mich einmal auf ihn ein. Ich tue mehr, als er von mir gefordert hat. Und dann sehe ich, wie er reagiert. Vielleicht wundert er sich über mich, dass ich nicht nur aus Gehorsam handle, sondern ihm helfen will. Das kann die Beziehung zu ihm verwandeln. Oder ich bekomme einen schwierigen Auftrag. Auch da kann ich mich entweder als Opfer fühlen, weil ich scheinbar immer die schwierigsten Aufträge bekomme. Oder ich kann es als Herausforderung nehmen. Dann wird mir selbst dieser schwierige Auftrag Spaß machen. Ich werde neue Fähigkeiten und Kräfte in mir wachrufen können und daran wachsen.

Eine andere Situation: Ich arbeite in einem Team. Da gibt es manche, die es sich bequem machen. Das führt dazu, dass ich mehr arbeiten muss. Ich kann das als ungerecht ansehen und meine Energie darauf verwenden, dass die Arbeit gerecht verteilt wird. Oder aber ich kann die Herausforderung annehmen und statt 100 Prozent aus freien Stücken 120 Prozent Einsatz bringen. Die 20 Prozent, die ich zur geforderten Arbeit hinzufüge, verdiene ich als eigene Erfahrung. Und diese 20 Prozent mehr als das geforderte Maß schaffen neue Beziehungen in der Firma und sie steigern meine Kompetenz. Ich werde meine Fähigkeiten entfalten und mehr Erfolg haben. Mein Einsatz wird zu einem Geschenk für mich selbst. Natürlich gibt es Grenzen. Wenn ich das Gefühl habe, dass die anderen mich ausnutzen, dann ist es wichtig, sich abzugrenzen und nicht die Bequemlichkeit der anderen noch zu fördern. Aber wenn ich mich trotz der bequemen Kollegen voll einsetze, kann ich auch in den anderen die Lust an der Arbeit wecken. Zumindest sehen sie, dass es mir mit dem Mehr an Arbeit besser geht als ihnen, die vor lauter Abgrenzen gar nicht in ihre Kraft kommen.

Jesus gibt uns keinen Befehl, wie wir arbeiten und wie wir mit schwierigen Chefs oder Mitarbeitern umgehen sollen. Aber er will unsere Kreativität wecken. Wenn wir aus der Opferrolle aussteigen und kreativ mit schwierigen Umständen umgehen, dann werden wir selbst davon beschenkt. Wir werden aus Feinden Freunde machen. Und wir werden aus der Angst, morgens in diese schwierige Arbeitssituation hineinzugehen, Vertrauen und Lust machen. Wir werden gerne zur Arbeit gehen, weil wir Lust haben, schwierige Situationen zu verwandeln.

Mobbing selbst ist für den heiligen Benedikt noch kein Thema. Aber er geht davon aus, dass es im Leben eines Mönches schwierige Situationen gibt, die dem ähneln, was wir heute als Mobbing bezeichnen. Wie der Mönch darauf reagieren soll, beschreibt Benedikt in der vierten Stufe der Demut. Bei dieser Stufe zitiert er auch das Wort Jesu:

Zu einer Meile gezwungen, gehen sie zwei.
Regel Benedikts 7,42, zitiert Matthäus 5,41

Benedikt beschreibt den Mönch, der die vierte Stufe der Demut übt, so:

Sogar wenn ihm dabei noch so viel Unrecht geschieht, schweigt er und umarmt gleichsam bewusst die Geduld. Er hält aus, ohne müde zu werden oder davonzulaufen, sagt doch die Schrift: »Wer bis zum Ende standhaft bleibt, der wird gerettet.« (Matthäus 10,22) Ferner: »Dein Herz sei stark und halte den Herrn aus.« (Psalm 27,14) Um zu zeigen, dass der Glaubende für den Herrn alles, sogar Widriges aushal-

ten muss, sagt die Schrift durch den Mund derer, die das erdulden: »Um deinetwillen werden wir den ganzen Tag dem Tode ausgesetzt, behandelt wie Schafe, die zum Schlachten bestimmt sind.« (Psalm 44,23) Doch zuversichtlich und voll Hoffnung auf Gottes Vergeltung fügen sie freudig hinzu: »All das überwinden wir durch den, der uns geliebt hat.« (Römer 8,37)

Regel Benedikts 7,35-39

Die Beschreibung des demütigen Mönches scheint für uns heute eine Überforderung zu sein. Aber für mich ist es wichtig, solche Sätze einfach einmal auszuprobieren. Dann erkenne ich, ob sie hilfreich sind oder nicht. Interessant ist die Aussage, dass der Mönch in Situationen, in denen ihm Unrecht geschieht, die Geduld umarmen soll. Indem ich die Geduld als eine Kraft, die mir Gott geschenkt hat, umarme, bin ich bei mir. Da kann das Unrecht nicht in mein Herz eindringen. Ich habe eine Haltung in mir, die mir Halt gibt mitten in den Turbulenzen des Lebens.

Und dann zitiert Benedikt eine Bibelstelle nach der anderen. Der Mönch soll sich an den Worten der Bibel festhalten und sie immer wieder vor sich hersagen. Sie werden ihm eine neue Sicht auf die Mobbing-Situation geben. Und sie stärken ihn, dass er sich selbst nicht aufgibt. Die Worte verniedlichen die Unrechtssituation nicht, sondern schildern sie durchaus in grellen Farben. Da ist die Rede, dass wir wie Schafe dem Tode ausgesetzt sind. Aber die Worte der Bibel bringen mich zugleich in Berührung mit der eigenen Kraft, mit der Stärke meines Herzens. Und sie verheißen mir, dass ich –

wenn ich die Situation aushalte – gerettet werde. Im Lateinischen heißt es hier: »et salvus erit«, auf deutsch: Er wird heil, gesund sein. Er wird heil aus dieser Situation herauskommen.

Es ist interessant, dass Benedikt hier sehr kämpferische Worte wählt. Es sind Bibelverse, die in der damaligen Zeit vor allem von den Märtyrern als Hilfe in ihrem Kampf gegen das Unrecht verwendet wurden. Benedikt fordert also nicht zur passiven Geduld auf, sondern zu kämpferischem Mut. In diesem Kampf gegen das Unrecht sind Haltungen wie Tapferkeit, standhafte Geduld, Starkmut und Vertrauen eine große Hilfe. Aber der Mönch soll immer wissen, dass er bei diesem Kampf als Sieger hervorgeht und nicht als Verlierer. Manche, die in Mobbingsituationen geraten, fühlen sich als Verlierer. Und dann wird die bedrückende Situation immer schlimmer. Benedikt fordert uns auf, aktiv darauf zu reagieren und Lust am Kampf zu haben – an einem Kampf nicht gegen die Menschen, sondern gegen das Unrecht. In diesem Kampf werden wir gestärkt und gehen heiler und gesünder aus ihm hervor.

Wahrheit und Wahrhaftigkeit

Viele haben den Eindruck, dass in der Arbeitswelt viel gelogen wird. Man will einen Fehler nicht zugeben und schiebt ihn auf äußere Umstände oder auf die Lieferfirmen, die eine falsche oder fehlerhafte Ware geliefert haben. Wenn ein Termin vereinbart wird, weiß man vorher schon, dass er nicht zu halten ist. Aber man tut so, als ob er sicher wäre. Und wenn er dann nicht eingehalten wird, findet man genügend Gründe, warum es nicht möglich war. Oder man gibt auf die Fragen des Kunden, was das Gerät alles leistet, Antworten, die man vor seinem eigenen Gewissen nicht verantworten kann. Man will unbedingt den Auftrag und so schreibt man dem eigenen Produkt Eigenschaften zu, die es gar nicht hat. In letzter Zeit wurde offenbar, dass fast alle Autofirmen die Abgas- und Verbrauchswerte ihrer Autos geschönt haben. Wo bleibt da die Wahrheit und Wahrhaftigkeit?

Vor einigen Jahren hielt ich vor Medizinern einen Vortrag über Wahrheit und Wahrhaftigkeit am Krankenbett. Viele Ärzte drücken sich davor, dem Patienten die Wahrheit zu sagen. Andere konfrontieren den Patienten ohne Rücksicht auf seine Gefühlslage mit der nackten Wahrheit, dass sie keine Chance gegen die Krankheit haben. Andere Ärzte sprechen so nebulös von der Krankheit und verweigern dem Kranken dadurch die Wahrheit.

Ein Arzt erzählte mir, er sage dem Patienten immer die Wahrheit, aber nie, ohne ihm zugleich Hoffnung zu machen. Hoffnung ist etwas anderes als Erwartung. Der Arzt sagt also dem Patienten nicht: »Nächste Woche sind Sie wieder gesund.« Er zeigt ihm vielmehr den Ernst der Krankheit. Aber zugleich vermittelt er ihm Hoffnung. Es gibt immer Hoffnung auf Heilung. Und vor allem bedeutet Hoffnung, dass der Arzt sich um den Patienten kümmern wird und dass die Zeit, die ihm bleibt, eine wertvolle Zeit ist.

Man kann die Wahrheit nur sagen, wo eine gute Beziehung besteht. Das deutsche Wort »Wahrheit« bedeutet von seiner indogermanischen Wurzel her: Gunst, Freundlichkeit erweisen. Und es hat mit Vertrauen zu tun. Die Wahrheit zu sagen, ist also ein Erweis von Freundlichkeit. Aber ich brauche eine gute Beziehung, ich muss Vertrauen zum anderen haben und er zu mir, damit ich ihm die Gunst der Wahrheit gewähren kann. Ich darf dem anderen nicht die Wahrheit um die Ohren schlagen. Ich muss immer die Beziehung zum anderen berücksichtigen.

Wo großes Vertrauen ist, kann ich die volle Wahrheit sagen. Wo eher Misstrauen ist, darf ich nicht die Unwahrheit sagen. Aber ich muss klug abwägen, was ich dem anderen sagen kann, ohne zu lügen und ohne die Wahrheit zu verfälschen. Das, was ich sage, muss wahr sein. Aber es muss nicht die volle Wahrheit sein. Das gilt nicht nur im Verhältnis einer Firma zu ihren Kunden, sondern auch im Umgang der Mitarbeiter untereinander und im Umgang mit dem Chef. Wo Vertrauen herrscht, kann auch die Wahrheit gesagt werden. Dort wird das Aussprechen der Wahrheit zu einer Gunst und nicht zu einem aggressiven und anklagenden Akt.

Mir persönlich hilft bei der Frage der Wahrheit das Wort Jesu, das er nach seiner Auferstehung zu den Jüngern sagt:

Ich bin ich selbst.
Lukas 24,39

Im Griechischen heißt es hier: »Ego eimi autos.« »Autos« ist das innerste Heiligtum des Menschen, der heilige Raum der Stille auf dem Grund seiner Seele, in dem er ganz er selbst ist. Wir dürfen uns bei der Arbeit nicht verbiegen, nicht aus reiner Rücksicht uns nur anpassen. Das tut uns nicht gut und nimmt uns unsere Aufrichtigkeit. Eine Übung, die ich gerne vorschlage ist, sich bestimmte Situationen am Arbeitsplatz vorzustellen und dann still zu sich zu sagen: »Ich bin ich selbst.« Wenn ich bei einem Gespräch mit einem Kunden, dem ich etwas verkaufen möchte, sage: »Ich bin ich selbst«, dann werde ich langsam gelassener und freier. Ich stehe nicht mehr unter dem Druck, dem anderen unter allen Umständen etwas verkaufen zu müssen. Ich begegne ihm als ich selbst. Das wird dem Verkaufsgespräch guttun.

Als Cellerar war ich 36 Jahre lang eher auf der Einkaufsseite. Ich habe aber keinem Vertreter etwas abgekauft, der mir ein Loch in den Bauch geredet hat, der mir unter allen Umständen etwas andrehen wollte. Nur dort, wo eine Beziehung gewachsen ist, wo ich den anderen als ihn selbst erlebt habe, als konkreten Menschen in seiner Eigenart, nur dort wuchs in mir das Vertrauen, das zu kaufen, was er mir empfohlen hat. Durch die Übung »Ich bin ich selbst« entspannt sich die Situation, unter allen Umständen etwas verkaufen zu müssen. Ich werde gelassener und authentischer. Das tut mir selbst gut und letztlich auch dem Unternehmen, für das ich arbeite.

Wenn ich mit Kollegen zusammenarbeite, kann ich auch immer wieder sagen: »Ich bin ich selbst.« Dann wird das Miteinander klarer und entspannter. Der Druck, bei allen gut anzukommen und beliebt zu sein, löst sich auf. Und ich kann den anderen authentisch begegnen. Auch dem Chef gegenüber kann ich sagen: »Ich bin ich selbst.« Dann bestimmt der Chef nicht mehr meine Stimmung. Er hat keine Macht mehr über mich. Ich begegne ihm auf gleicher Augenhöhe. Ich erlaube ihm, dass er ganz Mensch ist. Und ich erlaube mir, ich selbst zu sein. Ich muss mich dem Chef nicht beweisen. Ich muss nicht voller Angst zeigen, dass ich alles richtig mache. Wenn ich den Mut habe, ich selbst zu sein, kann ich die Wahrheit sagen, ohne Angst, dass sie mir schädlich ist. Natürlich ist hier neben der Wahrhaftigkeit auch Klugheit notwendig, die ein Gespür hat, wie ich die Wahrheit sage und was ich dem Chef sage. Aber ich stehe nicht mehr unter Druck, lügen zu müssen, damit ich gut vor ihm dastehe. Ich stehe zu mir, so wie ich bin, ohne auf die Erlaubnis anderer angewiesen zu sein.

Jesus sagt:

> *Die Wahrheit wird euch frei machen.*
> Johannes 8,32

Das gilt auch für den Umgang mit der Wahrheit in einer Firma. Dort, wo die Wahrheit gesprochen wird, herrscht Freiheit. Es ist immer die Angst, die uns daran hindert, die Wahrheit zu sagen. Denn wir haben entweder Angst, nicht gut dazustehen, oder die Angst, einen Auftrag zu verlieren. Doch dass die Wahrheit sich auch wirtschaftlich auszahlt, haben die zahlreichen Betrugsskandale gezeigt, die die Presse aufgedeckt hat. Eine Firma, die sich Betrug leistet, wird auf Dauer nicht bestehen können. Deshalb ist ein Raum des Vertrauens so wichtig. Wo Wahrhaftigkeit mit Barmherzigkeit und Gerechtigkeit verbunden ist, entsteht ein Raum des

Vertrauens. Wenn bei VW (und vermutlich vielen anderen Auto-
mobilkonzernen) dieser Raum des Vertrauens entstanden wäre,
hätten die Ingenieure den Chefs die Wahrheit sagen können. So
aber hatten sie Angst vor der Wahrheit. Denn sie wussten, dass
die Wahrheit bei VW nicht mit Barmherzigkeit und Gerechtigkeit verbunden war. Vielmehr war der Wille des Chefs die obers-
te Norm. Den Chef interessierte nicht die Wahrheit, sondern nur
der Erfolg. Und wer den Erfolg nicht vorweisen konnte, wurde
erbarmungslos behandelt. Und man sah dann nicht mehr auf Gerechtigkeit. Man wurde den einzelnen Mitarbeitern nicht mehr
gerecht, sondern opferte sie dem eigenen Erfolgsdruck. In so einer
Atmosphäre der Angst entstehen keine kreativen Lösungen, sondern es bleibt nur die Möglichkeit zu betrügen. Doch das zahlt
sich auf Dauer nicht aus.

Benedikt mahnt die Mönche, gerade im Blick auf die Arbeit wahr-
haftig zu sein. Eine Art der Wahrhaftigkeit besteht darin, Betrug
zu vermeiden. Benedikt warnt vor der Versuchung, mit dem, was
man geschaffen hat, Betrug zu begehen. Der Betrug würde darin
bestehen, das Ergebnis besser darzustellen, als es ist. Diese Tendenz
ist heute weit verbreitet. Es kommt nicht mehr auf die Qualität
des Produktes oder meiner Arbeit an, sondern nur noch darauf,
wie gut ich das Produkt oder meine Arbeit verkaufen kann. Eine andere Weise der Wahrhaftigkeit wird in Benedikts Mahnung
zur Demut sichtbar:

Sind Handwerker im Kloster, können sie in aller Demut ihre
Tätigkeit ausüben, wenn der Abt es erlaubt. Wird aber ei-

ner von ihnen überheblich, weil er sich auf sein berufliches Können etwas einbildet und meint, er bringe dem Kloster etwas ein, werde ihm seine Arbeit genommen. Er darf sie erst wieder aufnehmen, wenn er Demut zeigt und der Abt es ihm von neuem erlaubt.

Regel Benedikts 57,1-3

Was hat Demut mit der Wahrheit zu tun? Demut als »humilitas« meint, dass ich in Berührung bin mit dem, was ich tue, dass ich nahe an der Erde bin, nahe am Produkt. Ich benutze das Produkt nicht, um mich selbst präsentieren. Ich missbrauche meine Arbeit nicht, um mich selbst in den Mittelpunkt zu stellen. Immer wenn es bei der Arbeit um das eigene Ego geht, wird die Arbeit verfälscht. Ich gehe nicht auf in der Arbeit, ich gebe mich ihr nicht hin, sondern ich benutze sie, um das eigene Ego besser darzustellen. Das ist aber Unwahrhaftigkeit. Dieser Unwahrhaftigkeit begegnen wir häufig in den Firmen. Da stellen sich manche Mitarbeiter nach außen gut dar. Sie bringen etwas in Bewegung, aber nicht zum Nutzen der Firma, sondern um auf sich selbst aufmerksam zu machen. Ein Werkstattleiter veränderte die Struktur seiner Werkstatt, um auf der Karriereleiter höher zu klettern. Es gelang ihm, weil die Chefs daraus ableiteten, dass er etwas bewegen kann. Doch sein Nachfolger musste alles wieder rückgängig machen. Denn es erwies sich als eine Seifenblase. In Demut bei der Arbeit zu bleiben und sich auf sie einzulassen, ohne sich selbst darstellen zu müssen, zahlt sich letztlich doch aus.

Gerechtigkeit

Damit die Beziehungen innerhalb einer Firma gelingen, muss Gerechtigkeit herrschen. »Wer Gerechtigkeit sät, wird Frieden ernten«, heißt es beim Propheten Amos. Wo der Chef die Mitarbeiter ungerecht behandelt, entstehen Neid und Intrigen. Und es gibt Reibungsverluste. Gleiches trifft auf die Mitarbeiter zu. Auch sie sollen gerecht miteinander umgehen. Sie sollen sich selbst und den Kollegen gerecht werden. Gerechtigkeit heißt auch: dem Wert des Einzelnen gerecht werden. Dort, wo ich andere entwerte, schaffe ich ein Klima der Unzufriedenheit und Angst. Nur dort, wo ich den Menschen gerecht werde, entsteht ein gutes Klima des Miteinanders.

Doch es gibt keine absolute Gerechtigkeit. Jesus sagt:

Selig, die hungern und dürsten nach der Gerechtigkeit.
Matthäus 5,6

Es gibt Gerechtigkeitsfanatiker, die ständig darum kreisen, ob alles gerecht zugeht. Sie sind oft sehr aggressiv und können eine Firma spalten. Andere sind fixiert darauf, dass ihnen selbst Gerechtigkeit widerfährt. Sie vergleichen sich ständig mit den anderen, fragen zum Beispiel nach, wieviel der andere verdient. Dann vergleichen sie seinen Lohn mit dem ihren und empfinden das Ergebnis als ungerecht. Oder sie vergleichen ihre Leistung mit der Leistung anderer und fordern immer absolute Gerechtigkeit in der Verteilung der Arbeit. Das führt oft zu Spannungen und Misstrauen.

Die Gerechtigkeit, die Jesus von uns verlangt, sieht oft anders aus als die, die wir fordern. Das zeigt etwa das berühmte Gleichnis von den Arbeitern im Weinberg. Der Weinbergsbesitzer verlässt früh am Morgen sein Haus, um Arbeiter für seinen Weinberg anzuwerben. Das war damals durchaus üblich. Man hatte keine festen Angestellten. Wenn die Arbeit im Weinberg anfiel, suchte man am Marktplatz Arbeiter, die sich dafür bereitstellten. Der Herr spürt, dass die Arbeiter der ersten Stunde (um sieben Uhr morgens) die Arbeit nicht allein schaffen. So geht er um die dritte Stunde (neun Uhr) und die sechste und neunte Stunde nochmals auf den Marktplatz, um weitere Arbeiter für seinen Weinberg zu werben. Ungewöhnlich ist, dass er um die elfte Stunde (17 Uhr, um 18 Uhr war Arbeitsschluss) nochmals auf den Marktplatz geht. Er macht den Menschen, die da untätig herumstehen, Vorwürfe. Doch sie sagen:

Niemand hat uns angeworben.
Matthäus 20,7

Es ist also nicht ihre Schuld, dass sie keine Arbeit fanden. Keiner hat sie gebraucht. Sie fühlen sich nutzlos. Umso größer ist ihre Freude, dass sie wenigstens noch eine Stunde arbeiten und etwas verdienen können. Bis hierher ist alles klar. Doch dann gibt es einen Umschwung im Gleichnis. Der Gutsherr lässt um 18 Uhr zuerst die Arbeiter der letzten Stunde kommen und zahlt ihnen den gleichen Lohn aus, den er mit den Arbeitern der ersten Stunde ausgemacht hatte. Das ärgert die Arbeiter der ersten Stunde natürlich. Sie vergleichen ihre Arbeit mit der Arbeit der anderen und fühlen sich ungerecht behandelt. Doch der Herr sagt einem von ihnen:

> *Mein Freund, dir geschieht kein Unrecht. Hast du nicht einen Denar mit mir vereinbart? Nimm dein Geld und geh! Ich will dem letzten ebensoviel geben wie dir. Darf ich mit dem, was mir gehört, nicht tun, was ich will? Oder bist du neidisch, weil ich zu anderen gütig bin?*
> Matthäus 20,13-15

Viele, die dieses Gleichnis hören, sagen: So kann es doch nicht gehen. Das ist doch ungerecht. Sie spüren in sich Widerstand. Jesus will uns aber mit diesem Gleichnis provozieren. Zunächst will er die Situation bei der Arbeit als Symbol nehmen für unsere Beziehung zu Gott. Vor Gott dürfen wir nicht aufrechnen, wie gut wir gelebt und alle Gebote Gottes gehalten haben. Vor Gott gilt nur, dass wir uns auf das einlassen, was er uns zumutet und zutraut. Dann wird unser Leben gelingen. Der eine Denar ist Symbol für das Gelingen des Lebens. Wenn wir auf die schauen, die zuerst ohne Glauben nur so dahingelebt haben, dann kommt in uns das Gefühl auf, wir hätten etwas versäumt. Wir hätten das Leben nicht so genossen wie die andern. Und jetzt werden sie von Gott genauso belohnt. Jesus will uns mahnen, unseren eigenen Weg zu Gott zu gehen, ohne auf die anderen zu schauen und ohne uns mit den anderen zu vergleichen. Und er will uns zeigen, dass das gelebte Leben in sich schon Lohn ist. Es ist besser zu leben, als untätig herumzustehen.

Man kann dieses Gleichnis natürlich auch auf die Arbeitssituation hin auslegen. Dann will uns Jesus mahnen, uns auf die Arbeit einzulassen, die uns zugedacht ist, ohne sie ständig mit der Arbeit anderer zu vergleichen. Wenn ich mich auf meine Arbeit einlasse, macht sie mir auch Spaß. Dann schaue ich nicht auf die Anstrengung. Und ich vergleiche meine Arbeit nicht mit denen, die weniger arbeiten und genauso viel verdienen. Es geht mir nicht allein um den Verdienst, sondern um die Sinnhaftigkeit meiner Arbeit. Wenn ich mich auf die Arbeit einlasse, ist sie mir Lohn genug. Da brauche ich nicht noch die Anerkennung der anderen. Natürlich will Jesus damit nicht ungerechte Verhältnisse in Firmen legitimieren. Aber er will unseren Blick weglenken von der Fixierung auf die Gerechtigkeit, damit wir bei uns bleiben. Wenn wir in der Arbeit bei uns sind, dann lassen wir auch die anderen sein, wie sie sind, ohne neidisch auf sie zu schauen.

Jesus verbindet in diesem Gleichnis Gerechtigkeit mit Barmherzigkeit. In der kapitalistischen Gesellschaft werden immer zuerst die Starken Arbeit finden. Die Schwachen haben kaum eine Chance, ihr Leben gut zu leben. Jesus lenkt unseren Blick in diesem Gleichnis auf die Schwachen. Oft haben wir die gleichen Vorurteile gegenüber den Arbeitern, die auch noch nachmittags auf dem Markt standen, wie die Arbeiter der ersten Stunde. Wir meinen, die seien faul, deshalb finden sie keine Arbeit. Aber wir sehen gar nicht tiefer in ihre Seele hinein. Jesus öffnet uns mit diesem Gleichnis die Augen, damit wir in denen, die keine Arbeit haben, nicht einfach faule Menschen sehen, sondern die Not erkennen, in der sie stecken. Wir sollen in den Flüchtlingen nicht einfach die sehen, die uns die Arbeit wegnehmen, sondern Menschen, die dringend Arbeit brauchen, um überhaupt leben zu können. So mahnt uns Jesus, uns von der absoluten Gerechtigkeit zu verabschieden und Gerechtigkeit mit Barmherzigkeit zu verbinden.

Ich selbst arbeite gerne. Und ich erlebe, dass mir meine Arbeit auch Lohn bringt. Ich bekomme Anerkennung von den Leuten, wenn ich einen Kurs halte. Wenn ich das Gleichnis von den Arbeitern im Weinberg auf mich wirken lasse, dann erkenne ich, dass es in mir unbewusste Neidgefühle aufdeckt. Manchmal denke ich schon: Ich verdiene für meine Mitbrüder das Geld. Und manche machen es sich nur bequem. Das Gleichnis deckt in mir auf, was unterhalb der Oberfläche in meinem Herzen an Gefühlen vorhanden ist. Und es mahnt mich, mich dankbar auf die Arbeit einzulassen, die mir zugedacht ist. Dann wird die Arbeit selbst zum Lohn. Und ich brauche mich nicht zu vergleichen mit denen, die weniger arbeiten. Vor allem spüre ich auch, dass es denen, die weniger arbeiten, nicht besser geht, sondern eher schlechter, weil sie zu wenig Anerkennung finden und weil sie nicht zufrieden sind mit dem, was sie tun.

Der heilige Benedikt spricht über Gerechtigkeit vor allem im Kapitel über den Abt. Der Abt soll mit dem Psalmisten sprechen:

Deine Gerechtigkeit habe ich nicht in meinem Herzen verborgen, ich habe von deiner Treue und Hilfe gesprochen.
Regel Benedikts 2,9, zitiert Psalm 40,11

Es geht Benedikt um Gottes Gerechtigkeit: dass vor Gott alles richtig wird, so ausgerichtet wird, dass es Gottes Willen entspricht. Doch die göttliche Gerechtigkeit braucht als Ergänzung »Treue und Hilfe«. Der Abt soll sich wie Jesus gerade auch um die Schwachen kümmern. Die Gerechtigkeit, die Benedikt von ihm fordert, will sich ausdrücken in einem gerechten Umgang mit den Mönchen, im Schaffen gerechter Strukturen. So ermahnt Benedikt den Abt:

Der Abt bevorzuge im Kloster keinen wegen seines Ansehens. Den einen liebe er nicht mehr als den anderen, es sei denn, er finde einen, der eifriger ist in guten Werken und im Gehorsam. Er ziehe nicht den Freigeborenen einem vor, der als Sklave ins Kloster eintritt, wenn es dafür keinen vernünftigen Grund gibt. Der Abt kann aber jede Rangänderung vornehmen, wenn er es aus Gründen der Gerechtigkeit für gut hält. Sonst sollen die Brüder den Platz einnehmen, der ihnen zukommt. Denn ob Sklave oder Freier, in Christus sind wir alle eins, und unter dem einen Herrn tragen wir die Last des gleichen Dienstes. Denn bei Gott gibt es kein Ansehen der Person.

Regel Benedikts 2,16-20

Der Abt soll keine Unterschiede machen in der Behandlung seiner Mönche. Jeder Mensch hat die gleiche Würde. Gerechtigkeit heißt, dass ich der Würde jedes Einzelnen gerecht werde. Aber Gerechtigkeit bedeutet für Benedikt keine absolute Gleichmacherei. Er kennt immer auch Ausnahmen. Die Rangordnung wird nach dem Eintrittsdatum festgelegt. Aber es gibt Gründe der Gerechtigkeit, von dieser klaren Ordnung abzurücken. So versteht Benedikt Gerechtigkeit immer auch als die Fähigkeit, den Menschen in ihrer jeweiligen Situation gerecht zu werden. Aber diese Gerechtigkeit darf nicht von Vorlieben getrübt werden. Sie braucht vernünftige Gründe, die den Mönchen einsichtig sind. Wenn in einer Firma bestimmte Mitarbeiter vorgezogen werden, dann gibt es Reibereien, Unzufriedenheit und Neid. Gerechtigkeit schafft Frieden in der Gemeinschaft. Und der Abt beziehungsweise die Führungskraft in der Firma ist dafür verantwortlich, dass in der Gemeinschaft Gerechtigkeit herrscht und alle gerecht behandelt werden. Es ist eine eigene Kunst, so zu führen, dass ich allen Menschen in ihren jeweils individuellen Situationen gerecht werde.

Nächstenliebe

Viele sind der Meinung, in der Arbeitswelt sei kein Raum für Nächstenliebe. Da gehe es um Leistung und Erfolg, um Konkurrenzkampf und Rivalität, Nächstenliebe sei da nicht gefragt und ein Fremdkörper. Doch für mich ist das Klima in einer Firma ganz entscheidend davon geprägt, ob der Chef seine Mitarbeiter liebt. Die Liebe muss sich nicht immer emotional ausdrücken. Aber eine Führungskraft muss ihren Mitarbeitern mit Wohlwollen begegnen, muss sie mögen. Dann werden sie auch viel lieber arbeiten. Die Nächstenliebe gilt aber auch für die Mitarbeiter untereinander. Ich muss mir jeden Morgen, wenn ich zur Arbeit gehe, vorsagen: Das sind meine Kollegen. Ich mag sie. Ich versuche, sie anzunehmen, ihnen mit Wohlwollen zu begegnen. Dann wird die Nächstenliebe ein Klima erzeugen, das mir selbst gut und in dem die anderen gerne arbeiten. Die Nächstenliebe tut uns also allen gut.

Wir dürfen Liebe nicht zu theologisch deuten. Liebe meint einfach die Verbundenheit der Mitarbeiter untereinander. Ich arbeite nicht einfach neben den anderen, sondern mit ihnen. Und ich fühle mich mit ihnen verbunden. Die Gehirnforschung sagt, dass das Gehirn des Kindes sich am besten entfaltet in Verbundenheit mit den Eltern. Das gilt auch für ein Unternehmen. Dort, wo sich Mitarbeiter und Führungskräfte miteinander verbunden fühlen, sind sie kreativer, da entwickelt ihr Gehirn neue Verbindungen, da kommen neue Ideen auf. In einer Firma, in der die Leitung ein Klima der Angst erzeugt, wächst nicht die Kreativität, da gedeiht nur der Betrug. Und das schadet einer Firma auf Dauer.

Jesus fordert uns nicht nur zur Nächstenliebe auf. Er zeigt uns in seiner Erzählung vom barmherzigen Samariter auch, wie das konkret gehen kann:

Ein Mann wurde von Räubern überfallen, ausgeplündert und niedergeschlagen. So lag er am Wegesrand. Ein Priester und ein Levit, die vorbeikamen, wechselten die Straßenseite und gingen achtlos an ihm vorüber. Es interessierte sie nicht, wie es dem anderen geht. Hauptsache, sie erledigen ihre Arbeit, ihren priesterlichen Dienst im Tempel. Vom Gesichtspunkt einer Arbeitsethik, die vor allem die Pflicht betont, werden die beiden gar nicht schuldig. Sie tun ja nur ihre Pflicht. Der Mann, der da am Wegrand liegt, stört sie nur in ihrer Pflichterfüllung. Ein Samariter, der auf einer Reise war, der also auch ein bestimmtes Ziel hatte, sah den Mann:

> *[Er] hatte Mitleid, ging zu ihm hin, goss Öl und Wein auf seine Wunden und verband sie. Dann hob er ihn auf sein Reittier, brachte ihn zu einer Herberge und sorgte für ihn. Am anderen Morgen holte er zwei Denare hervor, gab sie dem Wirt und sagte: Sorge für ihn, und wenn du mehr für ihn brauchst, werde ich es dir bezahlen, wenn ich wiederkomme.*
>
> Lukas 10,33-35

Nächstenliebe ist nicht etwas Allgemeines. Man kann leicht sagen: Ich liebe alle Menschen. Ich liebe meine Mitarbeiter. Aber konkret zeigt sich die Nächstenliebe, wenn einer der Mitarbeiter unter die Räuber gefallen ist, wenn es ihm nicht gut geht, wenn er sich ausgeplündert, bloßgestellt, seiner Würde beraubt fühlt, wenn ihm das Schicksal alles aus der Hand genommen hat: seine Gesundheit, seine Familie, seine Freundschaften. Nächstenliebe heißt also zuerst einmal auf die Menschen zu achten, die neben mir arbeiten. Wie geht es ihnen? Ist da einer unter die Räuber gefallen? Wenn er in der Leistung nachlässt, ist es nur Faulheit oder kann er nicht anders, weil er sich gerade ausgeplündert fühlt?

Auf die Mitarbeiter zu achten ist der erste Schritt. Der zweite Schritt ist die Reaktion. Der Samariter hat Mitleid mit dem Mann. Er fühlt mit ihm. Er ist ihm nicht gleichgültig. Dann geht er auf ihn zu und gießt Öl und Wein in seine Wunden. Er deckt die Wunden nicht auf, sondern deckt sie zu mit seiner Liebe und Zuwendung. Aber er wendet auch Kraft an. Er hebt den Mann auf sein Reittier. Er greift ihm also kräftig unter die Arme. Dann bringt er ihn zu einer Herberge. Er weiß, dass er dem Mann nicht auf Dauer helfen kann. Er braucht professionelle Hilfe. Es ist für uns entlastend, dass wir dem Mitarbeiter neben uns, dem es nicht gut geht, nicht für immer helfen müssen. Wir sollen nur den ersten Schritt tun, auf ihn zugehen und das aufwenden, was uns möglich ist an Zuwendung, Liebe, Verständnis und Unterstützung. Und dann sollen wir schauen, was ihm wirklich hilft. Vielleicht braucht er eine Kur, eine Therapie oder eine Auszeit. Aber der Samariter lässt den Mann nicht einfach fallen. Und er sagt dem Wirt, dass er noch mehr für ihn zahlen würde, falls der Aufwand größer wäre.

Viele haben Angst, gegenüber Kollegen Nächstenliebe zu üben, weil sie meinen, sie würden dadurch überfordert. Und sie würden ihr ganzes Leben lang die Verantwortung für ihn übernehmen müssen. Doch Nächstenliebe muss immer auch den eigenen Möglichkeiten entsprechen. Wir sollen tun, was in unserer Macht steht, aber auch unsere Grenzen akzeptieren. Und nicht wir können den anderen heilen. Wir können nur Bedingungen schaffen für die Heilung. Das kann professionelle Hilfe in Form einer Kur oder Therapie sein. Oder auch spirituelle Hilfe, dass wir den Mitarbeiter in die Herberge bringen, in den Raum, in dem er Gottes heilende Nähe erfahren kann. Wir können ihm anbieten, was uns in einer Krankheit oder Not hilft: dass wir uns mit unseren Nöten Gott hinhalten und vertrauen, dass seine heilende und stärkende Kraft in uns einströmt.

Am Schluss des Gleichnisses stellt Jesus die Frage:

Wer von diesen dreien hat sich als der Nächste dessen erwiesen, der von den Räubern überfallen wurde?

Lukas 10,36

Wir meinen, der überfallene Mann sei der Nächste, dem wir helfen sollen. Doch Jesus stellt die Frage anders. Er fordert uns auf, die Sichtweise des notleidenden Menschen einzunehmen und uns zu fragen, was er braucht. Er sehnt sich nach einem Menschen, der sein Nächster wird, der ihm nahe kommt und sich auf ihn einlässt.

Das Gleichnis Jesu will uns aber noch auf etwas anderes aufmerksam machen: Manchmal werden Unternehmen selbst zu Räubern, die andere Menschen ausplündern. Das gilt für Firmen, die ihre Mitarbeiter ausbeuten und sie dann am Wegrand liegen lassen, wenn sie vor Überforderung krank geworden sind. Und es gilt für Firmen, die Produkte herstellen, die die Gesundheit und das Wohl der Kunden gefährden. Sie kümmern sich nur um ihren Erfolg, aber nicht um die Folgen für ihre Kunden.

In einer Firma, in der Nächstenliebe so konkret gelebt wird, wie es Jesus in der Geschichte vom Samariter erzählt, fühlen sich die Menschen nicht alleingelassen. Sie fühlen sich gestützt von den anderen und von den Führungskräften. Das erzeugt ein Klima des Vertrauens. Es nimmt den Mitarbeitern die Angst, dass sie auch einmal unter die Räuber fallen könnten, dass sie einmal von einer Depression oder einer anderen Krankheit heimgesucht werden und dann fallengelassen werden, weil man sie zu nichts mehr braucht. Die praktizierte Nächstenliebe schafft eine Solidarität unter den Mitarbeitern und ein gutes Betriebsklima, das sowohl für die Firma als auch für die Mitarbeiter auf Dauer Segen bringt.

Benedikt fordert die Nächstenliebe vor allem vom Abt:

> *Er sei sich bewusst, dass er die Sorge für gebrechliche Menschen übernommen hat, nicht die Gewaltherrschaft über gesunde. Er fürchte das Drohwort des Propheten, durch das Gott sagt:* »*Was fett schien, habt ihr euch genommen, was schwach war, habt ihr weggestoßen.*« *(Ezechiel 34,3f) Er ahme den Guten Hirten mit seinem Beispiel der Liebe nach: Neunundneunzig Schafe ließ er in den Bergen zurück und machte sich auf, um das eine verirrte Schaf zu suchen. Mit dessen Schwäche hatte er so viel Mitleid, dass er es auf seine heiligen Schultern nahm und so zur Herde zurücktrug.*
>
> Regel Benedikts 27, 6–9, vgl. Lukas 15,4

Der Abt soll also vor allem für die schwachen Mitglieder sorgen, für die, die unter die Räuber gefallen sind. Sie brauchen seine besondere Hilfe. Ihnen soll er voller Mitleid begegnen und sie wie Jesus auf seine Schultern nehmen, so wie auch der Samariter den verwundeten Mann auf seine Schultern genommen hat, um ihn aufs Lasttier zu heben.

Benedikt fordert die Nächstenliebe aber von allen Brüdern. Das betont er in einem seiner letzten Kapitel, gleichsam einer Zusammenfassung der ganzen Regel. Die Brüder

> sollen einander in gegenseitiger Achtung zuvorkommen; ihre körperlichen und charakterlichen Schwächen sollen sie mit unerschöpflicher Geduld ertragen; im gegenseitigen Gehorsam sollen sie miteinander wetteifern; keiner achte auf das eigene Wohl, sondern mehr auf das des anderen; die Bruderliebe sollen sie einander selbstlos erweisen.
>
> Regel Benedikts 72,4-8

Was Benedikt hier fordert, ist sicher ein Ideal. Aber dieses Ideal sollen sich die Mönche vor Augen halten, wenn sie an ihre Mitbrüder denken, vor allem an solche, die schwach sind und der Hilfe bedürfen. Auch wenn Benedikt sonst eher nüchtern von seiner Gemeinschaft schreibt, in der er ständig auch mit Konflikten rechnet, so fordert er die Mönche am Schluss seiner Regel auf, vor allem nach der Bruderliebe zu streben. Sie ist die Bedingung, dass eine Gemeinschaft auf Dauer gut zusammenleben kann.

Kooperation und Rivalität

Die Bibel erzählt uns Geschichten von Rivalität und Neid in den verschiedensten Konstellationen. Da ist zuerst die Geschichte von Kain und Abel, eine Rivalitätsgeschichte zwischen zwei Männern und zugleich zwischen zwei Brüdern. Beide Brüder gehen unterschiedlichen Tätigkeiten nach. Abel ist Schafhirt und Kain Ackerbauer. Da entsteht schon Neid untereinander. Jeder denkt, sein Beruf sei wichtiger. Der Ackerbauer fühlt sich benachteiligt. Er hat den Eindruck, seine Arbeit sei härter, der Schafhirt habe es viel leichter. Beide bringen Gott ein Opfer dar. In der Bibel heißt es, dass Gott auf das Opfer des Abel schaut und auf das des Kain nicht. Das ist für uns ungerecht und willkürlich. Doch wir können diese Stelle auch von Kain und Abel her deuten. Kain hatte das Gefühl, dass er nicht so anerkannt ist, dass sein Bruder Abel die bessere Karte gezogen hat: Schafhirt zu sein ist leichter als Ackerbauer. Als Ackerbauer hat er viel mehr zu arbeiten und muss sich überdies mit dem Wetter und den Bodenverhältnissen herumplagen. Er muss im Schweiße seines Angesichts arbeiten. Und es ist sicher Geschwisterneid. Der andere wird vorgezogen, von Gott, von den Eltern, von der Umgebung. Er hat es besser und leichter. Als Kain bewusst wird, dass es Abel besser hat, »überlief es Kain ganz heiß, und sein Blick senkte sich« (Genesis 4,5). Gott spricht ihn an:

Nicht wahr, wenn du recht tust, darfst du aufblicken; wenn du nicht recht tust, lauert an der Tür die Sünde als Dämon. Auf dich hat er es abgesehen, doch du werde Herr über ihn!
Genesis 4,6f

Gott versteht, dass Kain von Neidgefühlen geplagt wird. Aber es ist seine Aufgabe, Herr über diese Gefühle zu werden. Doch Kain hört nicht auf Gott. Das Neidgefühl ist so tief, dass er es nicht beherrschen oder verwandeln kann. So agiert er seinen Neid aus, indem er seinen Bruder Abel erschlägt. Doch die Schuld, die er auf sich lädt, löst seinen Neid nicht auf. Im Gegenteil, die Schuld lässt ihn nun ruhelos und rastlos auf Erden herumirren.

Wer in einem Unternehmen einen anderen durch Neid ausbootet, der kommt nicht zur Ruhe. Äußerlich betrachtet hat er vielleicht Vorteile, weil er zum Beispiel befördert wird. Aber die inneren Schuldgefühle lassen ihn nicht zur Ruhe kommen. Es entsteht kein Segen daraus, wenn ich die Rivalität zu Lasten des anderen ausagiere, wenn ich meinem Neid freien Lauf lasse. Ich schade mir selbst und dem anderen. Und noch eine andere Strafe lädt der auf sich, der im Neid dem anderen schadet:

Wenn du den Ackerboden bestellst, wird er dir keinen Ertrag mehr bringen.
Genesis 4,12

Die Arbeit, die der neidische Mitarbeiter vollbringt, wird keinen Segen bringen. Er wird viel arbeiten und vielleicht auf der Karriereleiter höher klettern. Aber seine Arbeit bringt keine Frucht. Es blüht nichts auf. Er hat nichts davon, dass er den Rivalen abgeschüttelt hat.

In einer anderen Rivalitätsgeschichte geht es um Männer und Frauen. Mose hatte einen Bruder, Aaron, und eine Schwester, Mirjam.

Die drei leiteten das Volk, allerdings war Mose der eigentliche Führer. Eine Zeit lang ergänzten sich die drei in ihrer Führungsaufgabe. Doch dann wurden Mirjam und Aaron eifersüchtig auf Mose. Sie redeten schlecht über ihren Bruder. Sie regten sich darüber auf, dass er als Frau eine Kuschiterin, also eine Ausländerin hatte. Und sie sagten zueinander:

Hat etwa der Herr nur mit Mose gesprochen? Hat er nicht auch mit uns gesprochen?
Numeri 12,2

Sie neideten Mose, dass Gott vor allem mit ihm spricht und dass das Volk sich immer an ihn wendet, wenn es Probleme gibt. Sie meinten, sie seien genauso gut wie Mose und Gott würde genauso auch mit ihnen sprechen. Sie hätten die gleiche spirituelle Erfahrung wie Mose. Die beiden suchten etwas, womit sie ihren Bruder entwerten konnten. Doch der eigentliche Grund der Entwertung war, dass er eine ausländische Frau hatte. Mose hielt sich also nicht genau an die jüdischen Gesetze. Er nahm für sich die Freiheit in Anspruch, auch eine Ausländerin zu heiraten. Das war für Aaron und Mirjam ein Stein des Anstoßes. So rebellierten sie gegen Mose und machten ihn voreinander schlecht. Doch Gott tadelte Aaron und Mirjam. Er sagte ihnen, dass er nur mit Mose von Angesicht zu Angesicht spricht. Er bestätigte also die Sonderrolle des Mose. Zur Strafe gegen ihre Auflehnung und ihr Gerede über Mose wurde Mirjam weiß wie Schnee. Sie wurde aussätzig. Die Unzufriedenheit, die sie mit ihrem Gerede gegen ihren Bruder ausgedrückt hat, wurde sichtbar an ihrem Leib. Sie fühlte sich nicht mehr wohl in ihrer Haut. Mose spielte wegen dem Gerede seiner Geschwister nicht den Beleidigten, sondern er setzte sich für seine Schwester ein. Er schrie zu Gott, dass er seine Schwester heilen soll. Doch Gott verlangte, dass sie sieben Tage aus dem Lager ausgeschlossen werde. Erst danach wurde sie geheilt und durfte wieder in der Gemeinschaft sein.

Hier geht es wieder um den Geschwisterneid, aber zugleich auch um den Neid zwischen Männern und Frauen. Der wird in den Unternehmen auf verschiedene Weise ausagiert. Oft hat die Rivalität mit dem eigenen Männer- oder Frauenbild zu tun. Wenn ein Mann Angst vor Frauen hat, muss er sie entwerten. Er macht Witze über sie, spricht über ihren Körper und verletzt sie auf diese Weise. Oder wenn eine Frau Probleme mit Männern hat, bekämpft sie die männlichen Kollegen und muss sich immer durchsetzen. Das ist für beide Seiten oft sehr anstrengend. In der biblischen Geschichte verbünden sich der Bruder und die Schwester gegen den Bruder, der eine Sonderrolle innehat. Das gibt es auch in Firmen, dass ein Mann und eine Frau sich zusammentun, um einen anderen Mann schlechtzumachen oder ihm zu schaden. Doch die biblische Geschichte sagt uns, dass das keinen Segen bringt. Im Gegenteil, was ich dem anderen antue, das bleibt an mir hängen. Ich zeige dann meine Unzufriedenheit schon in meiner Miene, in meiner Stimme, in meiner ganzen Ausstrahlung. Und diese Ausstrahlung ist oft wie Aussatz. Sie schließt den Neider von der Gemeinschaft aus. Keiner will etwas mit ihm zu tun haben. Er isoliert sich selbst.

Die beiden biblischen Geschichten mahnen uns, miteinander zu kooperieren statt gegeneinander zu kämpfen und einander zu schaden. Mose, Aaron und Mirjam arbeiten wieder zusammen. Sie ergänzen einander. Aaron ist das Sprachrohr des Mose, weil dieser sich schwertut, vor dem Volk zu sprechen. Und Mirjam bringt die weibliche Seite des Führens ein. So können die drei Geschwister das Volk bis an die Grenze des Gelobten Landes führen, bis zu dem Land, wo sie frei sind, wo sie selbst ernten von dem, was sie angebaut haben, wo sie in Frieden miteinander leben können. Kooperation heißt, dass jeder das arbeitet, was er kann, aber dass die Arbeit des Einzelnen mit dem anderen zusammengeht, dass man gemeinsam an einem Ziel arbeitet. Für Mose, Aaron und Mirjam war das Ziel: ins Gelobte Land zu kommen. Für ein Unternehmen besteht das Ziel darin, in Frieden zu kommen und Frucht zu bringen. Wenn der Neid und die Rivalitätskämpfe aufhören, entsteht ein neues Miteinander, das auch nach außen hin Erfolg haben wird. Das Miteinander wird gesegnet.

Die Voraussetzung, dass Mose, Aaron und Mirjam wieder kooperieren, ist die Haltung des Mose. Von ihm sagt das Buch Numeri:

Mose aber war ein sehr demütiger Mann, demütiger als alle Menschen auf der Erde.
Numeri 12,3

Mose reagierte also nicht mit Gegenmaßnahmen auf seine Geschwister, die sich gegen ihn aufgelehnt haben. Er ertrug es vielmehr in aller Demut. Demut meint den Mut, seine eigene Menschlichkeit anzunehmen, sich nicht über die anderen zu erheben. Die frühen Mönche – vor allem Evagrius Ponticus – übersetzen diese Stelle mit »sanftmütig«. Mose war sanftmütiger als alle anderen Menschen. Sanft kommt von sammeln. Sanftmütig ist der, der den Mut findet, alles, was in ihm ist, zu sammeln. Er sammelt in sich seine Stärken und Schwächen, seine Licht- und Schattenseiten, seinen Verstand und seine Gefühle, alles, was in seiner Lebensgeschichte passiert ist. Wer alles in sich sammelt, der vermag auch die Menschen, die gegen ihn sind, zu sammeln. Er wird nicht spalten. Er spürt vielmehr, dass alles, was die anderen an ihm bekämpfen, auch in ihm ist und in den anderen. Er sammelt alles in Liebe. So kann auch Sammlung der Menschen entstehen, die in sich gespalten sind und ihre Probleme auf den Chef – auf Mose – projizieren. So verlangt Kooperation immer auch eine spirituelle Arbeit an mir selbst. Ich muss versuchen, wie Mose demütig und sanftmütig zu werden, mich so anzunehmen, wie ich bin, mit allem, was zu mir gehört. Dann werde ich auch fähig zur Kooperation, die das Miteinander aller Mitarbeiter fördert.

Nicht alle Führungskräfte reagieren auf eine so reife und spirituelle Weise wie Mose. Oft benutzen sie den Neid zwischen den Mitarbeitern, um ihre eigene Position zu stärken, und lassen die Mitarbeiter ihren Neid ausleben. Ihnen geht es nicht um das Wohl der Firma, sondern nur um ihren eigenen Vorteil, um ihre eigene Beliebtheit und Anerkennung. Doch in Wirklichkeit spalten sie die Firma. Es geht ihnen nicht darum, den Neid und die Eifersucht aufzudecken und zu heilen.

Der heilige Benedikt kennt den Neid in seiner Gemeinschaft. Daher mahnt er alle Mönche:

Nicht aus Neid handeln.
Regel Benedikts 4,67

Vor allem aber behandelt Benedikt das Thema Neid im Kapitel über den Prior, den Stellvertreter des Abtes. Da sie vom gleichen Bischof eingesetzt sind wie der Abt, bilden sich manche Prioren ein, sie seien genauso wichtig wie der Abt:

Daraus entstehen Neid, Streit, Verleumdung, Eifersucht, Zwietracht und Unordnung. Wenn Abt und Prior gegeneinander stehen, bringt diese Zwietracht ihre Seelen zwangsläufig in Gefahr.
Regel Benedikts 65,7f

Wenn Abt und Prior aufeinander neidisch sind, schadet das ihrer eigenen Seele. Und es entsteht eine Atmosphäre, die die Gemeinschaft spaltet. Benedikt gibt nun zwei Regeln an, um den Neid zwischen Prior und Abt zu überwinden:

Der erste Rat ist ein organisatorischer. Der Abt soll selbst mit dem Rat gottesfürchtiger Brüder einen als Prior auswählen und einsetzen. Dann ist der Anlass zum Neid kleiner. Der zweite Rat bezieht sich auf das Führungsverhalten des Abtes. Wenn der Prior seinen Neid auslebt und gegen den Abt opponiert, soll der Abt handeln und den Prior zurechtweisen, bis zu viermal. Wenn das nichts nützt, soll er ihn seines Amtes entheben. Doch Benedikt mahnt den Abt, dass er bei seinem Vorgehen gegen den Prior achtgeben muss, dass

> *nicht die Flamme des Neids oder der Eifersucht seine Seele verzehrt.*
>
> Regel Benedikts 65,22

Er soll also aufpassen, dass er auf den Neid des Priors nicht selbst mit Neid reagiert. Seine Autorität muss frei sein von Neidgefühlen. Sonst leidet der Abt an seiner eigenen Seele. Der Neid tut ihm und der ganzen Gemeinschaft nicht gut. Denn die Gemeinschaft spürt, wenn der Abt auf einen fähigen Mitbruder neidisch reagiert.

Teamarbeit

Schwächen und Stärken

Arbeit ist heute meistens Teamarbeit. Die Mitarbeiter bilden ein Team, das gemeinsam eine Aufgabe bewältigt. Dazu ist bei jedem Einzelnen die Fähigkeit notwendig, sich auf ein Team einzulassen. Zudem ist die sorgfältige Auswahl der Teammitglieder wichtig. Die Verschiedenheit der Charaktere kann eine Chance sein für ein Team. Es müssen nicht alle gleich denken. Gerade wenn verschiedene Charaktere in einem Team sind, kann eine gesunde Spannung entstehen, die dem Team Kreativität verleiht. Die verschiedenen Sichtweisen können die Arbeit im Team bereichern.

Aber es gibt auch Charaktere, die nicht zusammenpassen, die ein Team blockieren. Das zeigt uns die Geschichte der frühen Kirche. Lukas erzählt uns in der Apostelgeschichte, wie gut Paulus und Barnabas zusammengearbeitet haben. Sie hatten bei ihrer ersten Missionsreise große Erfolge. Barnabas hatte Paulus in den Kreis der Apostel in Jerusalem eingeführt und den Aposteln die Angst vor dem Christenverfolger genommen. Beide traten erfolgreich beim Apostelkonzil auf und erreichten für die Heidenchristen eine gute Lösung. Doch dann gab es eine Auseinandersetzung zwischen ihnen, die zu einer neuen Teamzusammensetzung führte. Paulus wollte wieder gemeinsam mit Barnabas aufbrechen, um die Gemeinden, bei denen sie auf der ersten Missionsreise waren, zu besuchen und im Glauben zu stärken.

Barnabas wollte auch Johannes, genannt Markus, mitnehmen; doch Paulus bestand darauf, ihn nicht mitzunehmen, weil er sie in Pamphylien im Stich gelassen hatte, nicht mit ihnen gezogen war und an ihrer Arbeit nicht mehr teilgenommen hatte. Es kam zu einer heftigen Auseinandersetzung, sodass sie sich voneinander trennten; Barnabas nahm Markus mit und segelte nach Zypern. Paulus aber wählte sich Silas und reiste ab, nachdem die Brüder ihn der Gnade des Herrn empfohlen hatten.

Apostelgeschichte 15,37-40

Es ist nicht ganz klar, warum Markus sich von Barnabas und Paulus getrennt hatte. Lukas erzählt nur, dass die beiden den Markus als Helfer bei sich hatten (Apostelgeschichte 13,5). Und er notiert kurz:

Johannes aber trennte sich von ihnen und kehrte nach Jerusalem zurück.

Apostelgeschichte 13,13

Vielleicht war ihm die Missionsreise zu gefährlich oder zu anstrengend. Auf jeden Fall verlässt er das Team. Vielleicht hatte er auch das Gefühl, sie würden nicht zusammenpassen. Barnabas aber hat den Eindruck, dass er für ihn und Paulus eine Bereicherung sei. Doch Paulus war unversöhnlich und wollte nicht mehr mit ihm zusammenarbeiten. So bildeten sich zwei neue Teams: Barnabas und Markus missionieren in Zypern, Paulus und Silas reisen nach Syrien und Zilizien. Beide reisen mit dem Segen der Gemeinde. Obwohl die vier nicht mehr gemeinsam arbeiten, werden sie doch von der Gemeinde ausgesandt. Sie arbeiten also im Auftrag der Gemeinde, auch wenn sie nun getrennt an die Arbeit gehen.

Das ist ein schönes Bild für die Teamzusammensetzung. Es gibt einfach Menschen, die nicht zusammenpassen. Bei Paulus könnte man sagen, er war ein Leistungsmensch. Neben ihm hatte der eher schwache Markus keinen Platz. Dieser fühlte sich an den Rand gedrängt. Oder er hatte das Gefühl, nie den Erwartungen des Paulus genügen zu können. Barnabas hatte Paulus in die Gemeinde von Jerusalem eingeführt. Er hatte die Angst der Gemeinde vor dem früheren Christenverfolger Saulus durch seine versöhnliche Art beruhigen können. Und sein versöhnlicher Charakter wollte auch den Markus wieder mitnehmen. Paulus dagegen war unversöhnlich. Er hatte strenge Anforderungen an sich selbst, aber auch an die anderen. So konnte er auf Dauer nicht mit Markus zusammenarbeiten. Alle vier Jünger verkündeten die Liebe, die ihnen in Jesus Christus begegnet ist. Und alle ermahnten die Gemeinden zur Nächstenliebe. Aber sie waren selbst nicht fähig, einander so zu lieben, dass sie zusammenarbeiten konnten.

Wir dürfen diese Situation nicht moralisch bewerten. Es hat keinen Sinn, die Jünger zu ermahnen, einander anzunehmen. Dann könnten sie auch im Team arbeiten. Es ist wichtig, die psychologischen Gegebenheiten ernstzunehmen. Es gibt einfach Menschen, die nicht zusammenpassen. Man kann sie nicht durch Moralisieren aufmuntern, sich gegenseitig anzunehmen. Wichtiger ist, sich einzugestehen, dass es mit manchen Menschen einfach nicht geht. Wir sollen uns bemühen, im Team miteinander zu arbeiten. Aber es gehört auch zur Ehrlichkeit und zur Demut, sich einzugestehen, dass es Grenzen der Zusammenarbeit gibt. Dann ist es besser, das Team neu zusammenzusetzen. Aber es ist wichtig, dass alle Mitarbeiter, auch wenn sie sich voneinander trennen und anschließend mit anderen zusammenarbeiten, doch das gemeinsame Interesse der Firma vertreten und von der Firma getragen werden.

Ein Abteilungsleiter erzählte mir von einem Viererteam, das im Akkord arbeitete. Drei Männer erbrachten etwa die gleiche Leistung. Der vierte war schwach. Er war zwar gutwillig, aber er konnte nicht das leisten, was von ihm erwartet wurde. Der Abteilungsleiter ermahnte die drei starken Männer, den schwächeren jüngeren Mitarbeiter mitzutragen. Sie versuchten es. Aber es kam doch immer wieder zu Spannungen. Da sah der Abteilungsleiter ein, dass er das Team nicht besser machen konnte durch seine Ermahnungen, Rücksicht auf den Schwächeren zu nehmen. Er setzte das Team anders zusammen. Den jungen Mitarbeiter versetzte er in ein anderes Team. Und auf einmal waren beide Teams zufrieden.

Es gibt zwei Gründe, warum Menschen in einem Team nicht zusammenpassen. Der erste Grund ist ein lebensgeschichtlicher Grund. Manche Teammitglieder erinnern mich zum Beispiel an

den autoritären Vater, der mich immer daran gehindert hat, selbst
zu entscheiden. Andere erinnern mich an die depressive Mutter,
die mich immer vereinnahmen und mir ein schlechtes Gewissen
einprägen wollte. Wir begegnen den anderen Menschen nie vor-
urteilsfrei. Wir sehen sie immer mit der Brille, die unsere Lebensgeschichte uns aufgesetzt hat. Wir können an unserer Lebensgeschichte arbeiten, damit wir fähig werden, uns auch auf Menschen
einzulassen, die uns an negative Erfahrungen aus der Kindheit erinnern. Aber es gibt Grenzen. Dann reagieren wir überempfind-
lich auf einen Vorschlag des anderen und sehen darin schon eine
Bevormundung. Oder ein anderer verunsichert uns durch seine
Kritik und verursacht ein schlechtes Gewissen in uns. Da ist es
einerseits wichtig, an sich zu arbeiten, und sich andererseits auch
einzugestehen, dass man sich mit bestimmten Menschen einfach
schwer tut und dass es zuviel Energie kostet, im Team ständig seine ganze Lebensgeschichte aufzuarbeiten.

Der zweite Grund, warum Mitarbeiter nicht zusammen in ein
Team passen, liegt in den verschiedenen Charakteren und Typen,
die jeder darstellt. Die verschiedenen Typen könnten sich ergänzen, sie können sich aber auch blockieren: Im Kloster kamen wir
unter Abt Fidelis jeden Montag zur Verwaltungssitzung zusammen. Wir waren sechs Mönche. Manchmal blockierten wir uns
gegenseitig. Mir ging es oft nicht schnell genug. Ich fühlte mich
von den anderen gebremst. Anderen war ich eben zu schnell und
überging ihre Bedenken, die mir zu kleinkariert vorkamen. Dann
machten wir einen Kurs miteinander, in dem wir über unsere verschiedenen Charaktere nachdachten und darüber ins Gespräch ka-

men. Der Abt war ein Mensch, der alles sehr klar sah, aber auch alles ganz richtig machen wollte. Ich bin eher ein Mensch, der die Probleme schnell lösen möchte und dem der Erfolg wichtiger ist als das genaue Arbeiten. Aufgrund dieser Unterschiede haben wir uns manchmal gegenseitig blockiert. Doch als wir erkannten, dass jeder im Team eine wichtige Aufgabe hat, haben wir uns sehr gut ergänzt. Wir sollen die Charaktere nicht bewerten. Jeder Charakter hat seine Stärken und Schwächen. Wir sollen die Stärken in die Zusammenarbeit einbringen und bei unseren Schwächen offen sein für die Stärken anderer. Es geht nicht darum, sich gegenseitig zu vergleichen, sondern einander zu achten. Jeder hat mit seinem Charakter und mit seinen Stärken und Schwächen eine wichtige Aufgabe im Team. Wenn wir aufhören, einander zu bewerten, werden wir damit beginnen, aufeinander zu hören, die eigene Sichtweise zu relativieren und uns für andere Möglichkeiten und Wege zu öffnen.

Benedikt geht davon aus, dass die klösterliche Gemeinschaft zusammenhält. Er geht auch davon aus, dass es verschiedene Typen im Kloster gibt. Aber er verlangt vom Abt, dass er so mit den verschiedenen Typen umgeht, dass sie miteinander in Frieden auskommen. Aber vermutlich gehört zur Führungskunst des Abtes auch, dass er nur die Mönche zu einer gemeinsamen Arbeit zusammenstellt, die auch zusammenpassen. Auf jeden Fall soll er sich jedem Einzelnen zuwenden und ihn so behandeln, wie es dessen Wesen entspricht:

Der Abt muss wissen, welch schwierige und mühevolle Aufgabe er auf sich nimmt: Menschen zu führen und der Eigenart vieler zu dienen. Muss er doch dem einen mit gewinnenden, dem anderen mit tadelnden, dem dritten mit überzeugenden Worten begegnen. Nach der Eigenart und Fassungskraft jedes Einzelnen soll er sich auf alle einstellen und auf sie eingehen. So wird er an der ihm anvertrauten Herde keinen Schaden erleiden, vielmehr kann er sich am Wachsen einer guten Herde freuen.

Regel Benedikts 2,31f

Wenn der Abt auf jeden Einzelnen eingeht, wird das vermutlich auch dazu führen, dass er die Mönche nicht einfach nur kraft seines Befehles zu Arbeitsteams zusammenstellt, sondern so, wie es ihrer Eigenart entspricht und wie sie auch zusammen passen. Benedikt verzichtet auf den moralische Appell, sie müssten sich halt vertragen, sondern er geht klug vor. Er fühlt sich in die einzelnen Mitbrüder ein und fragt sich, was sie brauchen. Dazu gehört auch, welche Mitbrüder sie in ihrer Nähe brauchen und mit welchen sie gut harmonieren, damit alle im Frieden sind und damit die Herde wächst. In einer Schafherde versucht der Hirt ja auch, die Schafe auseinanderzuhalten, die sich nicht vertragen. Ein Team und eine Gemeinschaft sind immer etwas Lebendiges. Daher braucht es Achtsamkeit, um die Lebendigkeit eines Teams zu ermöglichen.

Ein Team zusammensetzen

Bei der Zusammensetzung eines Teams geht es vor allem um Qualität und nicht um Quantität. Manchmal sind Teams zu groß. Man denkt, je mehr Leute im Team sind, desto effektiver können sie arbeiten. Doch manchmal ist ein zu großes Team arbeitsunfähig. Es ist zu schwerfällig. Da sind kleine Teams oft kreativer. Es gibt eine biblische Geschichte, die das anschaulich zeigt. Es ist die Geschichte Gideons. Gideon wurde von Gott berufen, sein Volk gegen die Midianiter zu schützen. So ruft er in allen Stämmen Israels die Menschen auf, ihm im Kampf gegen Midian zu folgen. Doch Gott sagt ihm, dass es zu viele sind. So fordert Gideon alle, die Angst haben, auf, nach Hause zu gehen. Daraufhin gehen 22.000 Leute nach Hause. Es bleiben aber immer noch 10.000 übrig. Gott sagt, dass das immer noch zu viel ist. Er solle die Leute prüfen, ob sie in das Team passen, das die Midianiter schlagen kann. Er führt sie alle ans Wasser. Und er beobachtet sie, wie sie das Wasser trinken. 300 Mann leckten das Wasser mit der Zunge auf, so wie es Hunde tun. Die anderen knieten sich nieder und tranken das Wasser, indem sie es mit der Hand zum Mund führten. Gideon nimmt nur die 300 Männer mit in den Kampf, die das Wasser wie die Hunde leckten. Die anderen schickt er nach Hause. Mit diesen 300 Mann besiegt Gideon die Midianiter, indem sie mit der einen Hand die Widderhörner blasen und mit der anderen Hand eine Fackel halten. Sie brauchen kein Schwert, um die Midianiter zu besiegen. Denn die werden so verwirrt, dass sie sich gegenseitig bekämpften. Sie besiegen also die Midianiter nicht mit Gewalt, sondern mit Kreativität.

Gideon testet genau, wer in das Team passt. Da ist einmal die Freiheit von Angst und dann die Einfachheit und Klarheit der Lebensweise. Doch dann hört Gideon genau darauf, was Gott ihm sagt. Er hat von sich aus keine Lösung für das Problem, wie er die Midianiter schlagen kann. Er hört auf Gott. Und der zeigt ihm eine kreative Lösung. Wenn die 300 Männer gegen die vielen Midianiter mit dem Schwert gekämpft hätten, hätten sie verloren. So haben sie eine kreative Lösung gefunden und damit die Stärke der Midianiter überwunden. Es gab in den letzten Jahrzehnten immer wieder kleine Teams, die kreative Lösungen gefunden haben. Sie haben die Welt verändert, sei es Bill Gates oder Marc Zuckerberg. Es waren immer kleine Teams, die ganz einfach angefangen und miteinander neue Ideen entwickelt haben. In der Bibel hört Gideon auf Gottes Weisung. Es ist gut, wenn das Team offen ist für die Inspiration, die vom Heiligen Geist kommt. Dann wird es kreativer sein, als wenn es nur auf die eigene Kraft baut.

Beide Motive, die sich in der Gideongeschichte finden, entdecke ich auch in der Regel Benedikts: das Motiv der genauen Prüfung und das Hören auf Gottes Weisung. Männer, die ins Kloster eintreten wollen, werden nicht sofort aufgenommen, sondern erst einmal geprüft. Die erste Prüfung besteht darin, dass man sie warten lässt:

Kommt einer neu und will das klösterliche Leben beginnen, werde ihm der Eintritt nicht leicht gewährt, sondern man richte sich nach dem Wort des Apostels: »Prüft die Geister, ob sie aus Gott sind« (1 Johannes 4,1). Wenn er also kommt und beharrlich klopft und es nach vier oder fünf Tagen klar

> ist, dass er die ihm zugefügte harte Behandlung sowie die
> Schwierigkeiten beim Eintritt geduldig erträgt, aber trotzdem
> auf seiner Bitte besteht, gestatte man ihm den Eintritt.
>
> Regel Benedikts 58,1-4

Man wirbt also nicht, dass möglichst viele ins Kloster kommen, was heute beim nachlassenden Nachwuchs durchaus eine Gefahr ist. Auch bei der Suche nach Arbeitskräften, wenn der Arbeitsmarkt leer gefegt ist, kann das gefährlich sein. Man nimmt jeden, der kommt. Benedikt dagegen wählt aus und prüft die jungen Männer. Es ist eine dreifache Prüfung:

> Man achte genau darauf, ob der Novize wirklich Gott sucht,
> ob er Eifer hat für den Gottesdienst, ob er willig ist zu ge-
> horchen und ob er bereit ist, niedrige Arbeiten zu tun.
>
> Regel Benedikts 58,7

Psychologisch betrachtet könnte man diese Prüfung so deuten: Man prüft die neu Eintretenden nach ihrer Emotionsfähigkeit, nach ihrer Gemeinschaftsfähigkeit (Teamfähigkeit) und nach ihrer Leistungsfähigkeit oder Leistungsbereitschaft.

Das andere Motiv – auf Gottes Willen horchen – betont Benedikt immer wieder. Der Abt soll sich nicht von rein wirtschaftlichen Gesichtspunkten leiten lassen, sondern die Sorge um die Brüder in den Mittelpunkt stellen. Und es soll ihm letztlich um den Willen Gottes gehen:

*Wegen des vielleicht allzu geringen Klostervermögens soll
er sich nicht beunruhigen; vielmehr bedenke er das Wort
der Schrift: »Sucht zuerst das Reich Gottes und seine Gerechtigkeit, und dies alles wird euch dazugegeben.«*

Regel Benedikts 2,35, zitiert Matthäus 6,33

Persönlichkeiten miteinander koordinieren

Jesus hat zwölf Jünger zu Aposteln berufen. Wenn man sich die
Liste der Jünger ansieht, dann erkennt man, wie unterschiedlich
die Typen sind, die er da beruft. Sie unterscheiden sich schon allein in ihrem Beruf, in ihrer Stellung und ihrer Herkunft. Da
sind einfache Fischer darunter wie Simon und Andreas, die nur
mit Netzen Fische fingen. Dann gibt es Jakobus und Johannes,
die mit ihrem Vater eine Fischereiflotte betrieben. Sie waren sozial also höher gestellt. Doch in der Rangliste der Apostel steht der
einfache Fischer Petrus an erster Stelle. Dann gibt es den Zöllner
Matthäus. Zöllner galten als Sünder. Sie beuteten die einfachen
Leute oft aus, indem sie übertrieben hohe Zölle verlangten. Die
meisten Jünger stammten aus Galiläa. Doch von Judas Iskariot
wird gesagt, dass er aus Juda stammte.

Auf die Verschiedenheit der Charaktere und des sozialen Um-
felds weisen ihre Namen hin. Da gibt es Namen, die rein aramä-
isch sind. Und es gibt zwei, die einen griechischen Namen tragen: Andreas und Philippus. Die Namen weisen auf die griechische Kultur hin, in der die beiden erzogen wurden. Und es gibt

zwei, deren aramäische Namen gräzisiert worden sind, die sich also ihrer jüdischen Wurzeln bewusst waren, aber dennoch offen für die griechische Kultur, die in Galiläa auch Fuß gefasst hat: Bartholomäus und Matthäus. Es gibt also im Kreis Jesu Männer, die traditionell jüdisch dachten. Und es gab Männer, die von der griechischen Kultur geprägt waren. Von Simon, den Markus »Kanaanäer« nennt, sagt Lukas: »genannt der Zelot« (Lukas 6,15). Die Zeloten waren damals die Partisanen, die gewaltsam gegen die Römer vorgegangen sind. Manche Exegeten meinen auch, dass Judas Iskariot zu den Zeloten gehörte. Sie bringen das Wort »Iskariot« mit dem Wort »Sikarier« zusammen, das Dolchmänner bedeutet. Es waren Zeloten, die ein Krummschwert unter ihrem Gewand trugen und damit römische Soldaten heimlich ermordeten. Also auch was die politischen Ausrichtung betrifft, beruft Jesus Jünger aus den verschiedensten Parteien.

Drei Jüngern gibt Jesus neue Namen. Simon nennt er Petrus, den Fels. Er traut ihm zu, dass er der Fels wird, auf dem die Gemeinschaft sich gründet. So wie Abraham Fels genannt wurde, soll Petrus ein Fels sein mitten in den Turbulenzen, die die kleine Gemeinschaft nach dem Tod Jesu durchmachen muss. Es ist erstaunlich, dass Jesus ausgerechnet diesen Simon Fels nennt, der oft so ungestüm ist und von allen Evangelisten als einer dargestellt wird, der Jesus viel verspricht, ihn aber dann doch vor seinem Tod verleugnet. Doch Petrus bereut sein Verleugnen und wird so zum klarsten Zeugen für Jesus. Er nennt ihn den Messias. Auch den beiden Brüdern Jakobus und Johannes gibt Jesus einen Namen. Er nennt sie »Boanerges«. Markus übersetzt das Wort mit

»Donnersöhne«. Manche Exegeten deuten das Wort als »Söhne des Aufruhrs«. Sie bringen die beiden in die Nähe der Zeloten. Lukas versteht das Wort eher als Ausdruck für aggressive und polternde Menschen. Er erzählt uns, dass die beiden sich maßlos ärgerten, als die Samariter Jesus auf seinem Weg nach Jerusalem keine Unterkunft zur Verfügung stellten. Sie sagten zu Jesus:

Herr, sollen wir befehlen, dass Feuer vom Himmel fällt und sie vernichtet?

Lukas 9,54

Es sind also stürmische Menschen, die sich schnell aufregen und dann voller aggressiver Gedanken sind.

Es ist schon erstaunlich, dass Jesus diese unterschiedlichen Männer zu einer Gemeinschaft formen konnte. Aber es ist auch ein Hoffnungsbild für uns. Die Kirche ist heute genauso vielfältig zusammengesetzt wie die kleine Gemeinschaft der zwölf Apostel. Und auch von einer Firma gilt: Da gibt es die unterschiedlichsten Typen, die man normalerweise nie von sich aus zusammenstellen würde. Doch wenn es eine Führungsfigur gibt, die wie Jesus fähig ist, die verschiedensten Menschen miteinander zu verbinden und zu versöhnen, dann können diese Menschen miteinander arbeiten. Und sie haben in sich die Kraft, die ganze Welt zu erobern. Die kleine Gemeinschaft der zwölf Apostel hat die Botschaft Jesu in die ganze Welt getragen und damit die ganze Welt verwandelt. Wenn es den Führungskräften gelingt, die verschiedensten Menschen miteinander zu verbinden, dann leisten sie etwas Großes.

Sie schaffen eine Kultur, die über die Firma hinaus in die Gesellschaft hineinwirkt. Allerdings erzählen uns alle Evangelisten auch davon, dass einer aus dem Team Jesus verraten hat: Judas. Auch das ist eine Realität, dass sich selbst in einem guten Team einer als ein Verräter herausstellen kann. Das ist schmerzlich, aber wir müssen mit dieser Realität rechnen. Dem Team der Apostel hat es auf Dauer nicht geschadet, dass einer ausgebrochen ist und Jesus verraten hat. Es hat die anderen umso mehr zusammengehalten. Und sie haben nach der Auferstehung Jesu Matthias gewählt, um das Zwölfer-Team wieder vollständig zu machen.

Heute sind viele Firmen global aufgestellt. Sie beschäftigen Mitarbeiter aus vielen Nationen, Kulturen und Religionen. Wenn es einer Firma gelingt, die Verschiedenheit der Mitglieder zu akzeptieren und sie trotzdem zu einer Gemeinschaft zu formen, dann leistet sie damit einen wichtigen Beitrag zum Frieden in der Gesellschaft. Dann werden Gegensätze zwischen den Kulturen und Religionen durch die gemeinsame Zusammenarbeit überbrückt und es werden Wege eröffnet, wie die Menschen außerhalb der Firma miteinander umgehen können. Das gemeinsame Ziel einer Firma kann Menschen verschiedener Kulturen miteinander verbinden. Das ist heute eine große Herausforderung. Aber auch da gibt es manchmal Verräter, die den Chef verraten und das Team spalten wollen. Da braucht es Integrationsfiguren wie Jesus, um das Team trotzdem zusammenzuhalten.

Auch Benedikt rechnet damit, dass es schwierige Mitbrüder im Kloster gibt. Vom Abt fordert er, dass er sie in die Gemeinschaft integriert. Aber Benedikt kennt auch Grenzen, wo eine Integration nicht mehr gelingen kann. So schreibt er im Kapitel über die Unverbesserlichen:

> Der Abt wende zuerst lindernde Umschläge und Salben der Ermahnungen an, dann die Arzneien der Heiligen Schrift und schließlich wie ein Brenneisen Ausschließung und Rutenschläge. Wenn er dann sieht, dass seine Mühe keinen Erfolg hat, greife er zu dem, was noch stärker wirkt: Er und alle Brüder beten für den kranken Bruder, dass der Herr, der alles vermag, ihm die Heilung schenkt. Wenn er sich aber auch so nicht heilen lässt, dann erst setze der Abt das Messer zum Abschneiden an. Es gelte, was der Apostel sagt: »Schafft den Übeltäter weg aus eurer Mitte.« (1 Korinther 5,13) Und an anderer Stelle: »Wenn der Ungläubige gehen will, soll er gehen.« (1 Korinther 7,15) Ein räudiges Schaf soll nicht die ganze Herde anstecken.
>
> Regel Benedikts 28,3–8

Viele Anstrengungen soll der Abt versuchen, um schwierige Mitbrüder in die Gemeinschaft zu integrieren: Ermahnungen, Worte der Heiligen Schrift, die den Bruder verwandeln und seine Wunden heilen. Und dann auch eine zeitweise Ausschließung. Rutenschläge sind natürlich heute kein Mittel mehr. Das war nur in der damaligen Zeit so üblich. Und dann sollen der Abt und die ganze Gemeinschaft für den Bruder beten. Das Beten führt zu einer neuen Sicht auf den Bruder. Durch das Gebet wächst in mir die Hoffnung, dass der Bruder mit sich in Frieden kommt und dadurch fähig wird, sich auf die Gemeinschaft einzulassen. Nur wenn all das nicht gelingt, soll der Abt einen Schnitt machen. In einem Unternehmen würde das heißen: sich von dem Mitarbeiter trennen. Benedikt hat dabei vor allem das Wohl der Gemeinschaft im Blick. Heute sollten wir aber auch auf den schauen, von dem wir uns trennen. Wir sollten ihm zugleich vermitteln, dass er anderswo eine neue Chance für sich finden kann.

Sich gegenseitig ergänzen

Verschiedene Persönlichkeitstypen können sich in einer Firma aneinander reiben und sich gegenseitig Vorwürfe machen. Oder aber sie ergänzen sich gegenseitig. Dies gelingt, wenn sie die fremden Seiten, die sie im anderen wahrnehmen, auch in sich selbst erkennen. Dann müssen sie das Fremde, das sie im anderen sehen, nicht bekämpfen. Sie lassen sich von dem Fremden im anderen an das Fremde in sich erinnern und söhnen sich damit aus. So lassen sie sich von den andersartigen Mitarbeitern innerlich bereichern und entdecken in sich selbst die Vielfalt ihrer eigenen Anlagen.

Von der Spannung und Bereicherung der verschiedenen Seiten erzählt uns Lukas. Jesus ist mit seinen Jüngern auf Wanderschaft. Da kehren sie bei den beiden Schwestern Marta und Maria ein. Jesus war offensichtlich mit ihnen befreundet. Marta macht sich sofort an die Arbeit. Sie deckt den Tisch. Sie bereitet Speisen und Getränke vor, damit sich Jesus und seine Jünger stärken können. Ihre Schwester Maria aber setzt sich Jesus zu Füßen. Sie hört ein-

fach, was er zu sagen hat. Darüber regt sich ihre Schwester Marta
auf. Voller Aggression sagt sie zu Jesus:

> *Herr, kümmert es dich nicht, dass meine Schwester die ganze*
> *Arbeit mir allein überlässt? Sag ihr doch, sie soll mir helfen!*
> Lukas 10,40

Doch Jesus verteidigt Maria, indem er Marta antwortet:

> *Marta, Marta, du machst dir viele Sorgen und Mühen. Aber*
> *nur eines ist notwendig. Maria hat den guten Teil gewählt,*
> *der soll ihr nicht genommen werden.*
> Lukas 10,41f

Viele Hausfrauen, die sich um Gastfreundschaft sorgen, regen sich
über diese Geschichte auf. Sie fühlen sich in ihrer Arbeit abgewer-
tet. Aber auch Menschen, die in der Firma viel arbeiten, die sich für
alles verantwortlich fühlen und sich für die Firma engagieren, reagieren auf diese Geschichte oft ärgerlich. Sie haben den Eindruck,
dass sich andere Mitarbeiter die besten Rosinen aus dem Kuchen
herauspicken und ihnen die Arbeit überlassen. Man kann die Geschichte in zweifacher Weise auslegen. Die erste Auslegung bezieht
sich auf die verschiedenen Typen. In jeder Firma gibt es Marta- und
Maria-Typen. Beide haben eine wichtige Aufgabe. Es geht nicht
darum, die einen gegen die anderen auszuspielen. Es braucht die
Marta-Typen, die anpacken, die sofort sehen, was zu tun ist, und
es dann einfach tun. Aber es braucht auch die anderen, die sich
wie Maria Zeit nehmen, genau hinzuhören. Was sind die tiefsten

Sehnsüchte der Mitarbeiter, was sind die Sehnsüchte der Menschen? Manche Firmen arbeiten einfach drauf los. Sie produzieren immer mehr und immer effektiver. Doch sie fragen sich nicht, ob ihre Produkte noch der Sehnsucht der Menschen entsprechen. Was brauchen die Menschen wirklich? Wenn wir die Maria-Typen aus einer Firma ausschließen, produziert die Firma bald am Markt vorbei. Sie arbeitet viel. Aber sie wundert sich, dass die Geschäfte nicht mehr gut gehen, weil sich die Bedürfnisse der Menschen gewandelt haben. Es braucht also in einem Unternehmen immer beide Typen. Wenn beide sein dürfen, dann ergänzen sie sich gegenseitig.

Aber es braucht auch den Jesus in uns, der den Maria-Typen ein Recht einräumt. Die Marta-Typen reagieren oft aggressiv auf die Maria-Typen. In der Erzählung zeigt sich Marta ärgerlich. Sie macht Jesus Vorwürfe. Er solle nicht mit ihrer Schwester sprechen, sondern ihr vielmehr sagen, dass sie ihr helfen solle. Sie überlässt die ganze Arbeit, den ganzen Dienst ihr allein. Diese Aggressivität zeigt, dass Marta nicht zufrieden ist mit ihrer Arbeit. Sie überlässt sich nicht selbstlos der Arbeit, sondern sie hat Nebenabsichten. Sie möchte gut arbeiten, damit sie vor Jesus und seinen Jüngern als gute Gastgeberin dasteht. Sie möchte in ihrer Arbeit von Jesus beachtet werden. Doch Jesus wendet sich mehr ihrer Schwester zu. Marta fühlt sich benachteiligt. Sie darf alles tun. Aber die Zuwendung bekommt die Schwester. Wir alle kennen diesen Mechanismus in uns. Wir arbeiten gerne. Aber wir möchten auch beachtet werden. Wir möchten glänzen und dafür Zuwendung und Lob erhalten. Und wenn dann andere, die sich Zeit nehmen für das Gespräch, die Zuwendung bekommen, dann werden wir

eifersüchtig und aggressiv. Jesus sollte auch in einer Firma dafür
sorgen, dass beide gut miteinander arbeiten und dass beide die
notwendige Zuwendung und Bestätigung erhalten. Dann könnten Marta und Maria sich gegenseitig ergänzen und zum Wohl
der Firma zusammenarbeiten.

Man kann Marta und Maria aber auch als zwei Seiten in jedem
von uns sehen. Die Marta ist die aktive Seite in uns. Wir denken,
wir wüssten schon, was zu tun ist. Und dann packen wir an. Wir
tun viel für andere. Wir setzen uns für sie ein. Wir setzen uns für
die Firma ein. Aber wir hinterfragen nicht, ob all das, was wir
tun, notwendig ist. Vor lauter Arbeitswut überhören wir, was die
Firma wirklich voranbringen könnte. Und wir überhören unsere
eigenen inneren Impulse, die uns sagen, dass wir auch mal Zeit
für uns brauchen, dass wir auf die leisen inneren Stimmen in uns
hören sollen. Die Marta in uns ist normalerweise lauter als die
Maria in uns. Denn die Marta kann etwas vorweisen. Wir tun ja
so viel. Alles ist so nützlich. Wir sorgen für die Gäste, wir sorgen
für die Mitarbeiter, für die Kunden. Es ist alles gut, was wir tun.
Aber vor lauter Arbeiten übersehen wir, was eigentlich dran ist.
Daher muss Jesus für die Maria in uns Partei ergreifen. Er muss
ihr Recht verschaffen. Wir brauchen Zeit der Stille, Zeit des Nach-
denkens, Zeit des Hörens auf die innere Stimme in uns, aber auch
Zeit des Hörens auf das, was die anderen uns zu sagen haben, wo
sie uns infrage stellen.

Jeder von uns spürt in sich die Marta und die Maria. Doch die
Marta in uns wird oft von der Maria in uns verunsichert. Und

daher reagieren wir genauso aggressiv auf sie wie Marta in der lukanischen Erzählung. Es gibt jetzt einfach keine Zeit zum Nachdenken. Jetzt ist die Zeit des Handelns. Das Nachdenken ist ein narzisstisches Kreisen um sich selbst. Wir entwerten die Maria in uns. Doch Jesus stärkt die Maria in uns. Es ist gut, wenn wir uns Zeit nehmen, genau hinzuhören, was Gott von uns will, wie die Arbeit auf Dauer sinnvoll gestaltet werden soll und was wir für die anderen wirklich tun und wie wir ihre Bedürfnisse am besten erfüllen könnten.

Bei der Aufnahme der Gäste sollen die Mönche in sich sowohl die Martha- als auch die Maria-Seite leben. Benedikt sorgt durch eine eigene Gast-Küche für das leibliche Wohl der Gäste. Doch sobald ein Gast gemeldet wird, soll man erst einmal miteinander beten. Man soll also auf Gottes Stimme hören: Worum geht es jetzt? Geht es nur darum, den Gästen eine annehmliche Zeit zu schenken? Oder geht es darum, in den Gästen Christus selbst aufzunehmen, der manchmal gerade durch einen Gast sagen kann, was für die Mönche gut ist?

Sobald ein Gast gemeldet wird, sollen ihm daher der Obere und die Brüder voll dienstbereiter Liebe entgegeneilen. Zuerst sollen sie miteinander beten und dann als Zeichen der Gemeinschaft den Friedenskuss austauschen. Diesen Friedenskuss darf man wegen der Täuschungen des Teufels erst nach dem Gebet geben.

Regel Benedikts 53,3-5

Das Gebet soll sowohl den Mönch als auch den Gast auf eine gute Begegnung vorbereiten, auf eine Begegnung, die beide befruchtet.

Und das Gebet soll offen machen für das, was der Gast den Mönchen zu sagen hat. Wenn ein fremder Mönch zu Gast ist und Kritik anbringt oder auf etwas aufmerksam macht, was ihm als unpassend auffällt,

> *so erwäge der Abt klug, ob ihn der Herr nicht vielleicht gerade deshalb geschickt hat.*
> Regel Benedikts 61,4

Das Gebet macht den Abt offen für das, was Christus selbst durch den Gast den Mönchen sagen möchte. Das Gebet ist also ähnlich wie das Hören Marias auf die Worte Jesu. Es geht nicht nur darum, den Gast gut zu versorgen, sondern auch darum, die Botschaft zu vernehmen, die er der Gemeinschaft verkünden möchte.

Spannung und Identität

Wir wünschen uns am Arbeitsplatz Teams, die gut zusammenpassen. Die Mitglieder sollen sich gut verstehen und sich im Team wohlfühlen. Doch wenn es zu harmonisch zugeht, wenn alle nur um das Wohlgefühl kreisen, dann wird das Team nicht besonders effektiv arbeiten. Wenn die Mitglieder zu sehr auf Harmonie aus sind, stellen sie sich zu wenig infrage. Eine gesunde Spannung würde die Leistung des Teams erhöhen. Sie kann aber nur dort entstehen, wo sich die Teammitglieder ihrer eigenen Identität bewusst sind. Wir finden unsere eigene Identität, wenn wir durch alle Stärken und Schwächen hindurchgehen und auf dem Grund unserer Seele unser wahres Selbst erkennen. Was ist das Selbst, das alle Gegensätze in uns zusammenhält? Wenn wir um unsere eigene Identität wissen, dann können wir auch die Identität des anderen achten. Identität hat nichts mit Egoismus zu tun, sondern mit einer klaren Selbsterkenntnis, die die Voraussetzung ist, auch den anderen in seiner Eigenart zu achten und seinen Wert zu erkennen.

Das zeigt uns die Geschichte von Petrus und Paulus. Beide waren unterschiedliche Typen. Und sie gerieten heftig in Streit miteinander. Aber beide waren wichtig für die Entwicklung der Kirche. Lukas beschreibt uns den Konflikt zwischen Petrus und Paulus etwas anders als Paulus selbst. Er erzählt uns, wie Paulus und Barnabas nach Jerusalem kamen, um in einem Konzil mit den Aposteln die Frage zu klären, ob die Heiden wie die Juden beschnitten werden müssten oder ob sie als Heiden in die Gemeinschaft der Kirche aufgenommen werden könnten. Lukas beschreibt, wie Petrus selbst für die Heiden Partei ergreift und so dem Paulus ermöglicht, seine Position zu vertreten. Sie einigen sich darauf, dass Heiden wie Juden durch die Gnade Jesu gerettet werden und nicht durch die Einhaltung des Gesetzes. Man verfasste einen Konzilsbeschluss. Und alle waren zufrieden (Apostelgeschichte 15,6–29).

Im Galaterbrief schildert uns Paulus den Konflikt etwas anders. Er erzählt zunächst auch, dass er in Jerusalem war und Petrus und die übrigen Apostel ihm die Hand gereicht hätten. Beide sahen ein, dass dem Petrus »die Kraft zum Aposteldienst unter den Beschnittenen (den Juden) gegeben« war (Galather 2,8), während Paulus den Auftrag hatte, die Botschaft Jesu unter den Heiden zu verkünden. Doch dann kam Petrus einmal nach Antiochia, um die Gemeinde zu besuchen. Anfangs aß Petrus auch mit den Heiden an einem Tisch. Doch dann kamen die konservativen Kreise um Jakobus nach Antiochia. Und da passte sich Petrus ihren Vorstellungen an und zog sich von den Heiden zurück. Da trat ihm Paulus offen entgegen und kritisierte ihn heftig. Für ihn war das keine Frage der Rücksichtnahme, sondern eine theologische Frage, ob das Heil von Jesus kommt oder vom Gesetz.

Man merkt an dieser Schilderung des Paulus, dass er einen anderen Charakter hat als Petrus. Petrus wird zwar in den Evangelien auch als impulsiv und begeisterungsfähig beschrieben. Aber Lukas beschreibt ihn in der Apostelgeschichte eher als einen Mann der Versöhnung. Er möchte die beiden Seiten in der Kirche miteinander versöhnen. Paulus ist eher der Theologe, dem es um die rechte Lehre geht. Und er ist aggressiver. In seiner Aggressivität geht es ihm mehr um das Rechthaben als um ein kluges und ausgewogenes Miteinander von Juden und Heiden, von konservativen und progressiven Christen. Doch gerade dadurch, dass beide verschiedene Charaktere sind, waren sie für die frühe Kirche ein Segen. Ohne Paulus wäre die Botschaft nicht in alle Welt getragen worden. Ohne Petrus wäre die Einheit der Kirche sehr schnell auseinandergebrochen. Die Spannung zwischen beiden hielt die Kirche lebendig.

So ist es auch in einem Team. Es braucht da Menschen, die neue Ideen entwickeln, auch wenn diese manchen im Team Angst machen. Es braucht Menschen, die alles infrage stellen und nicht einfach so weiter machen wie bisher. Aber es braucht auch Menschen, die das Team zusammenhalten, die dafür sorgen, dass alle mit den neuen Ideen und Methoden mitgehen können. Es braucht die Menschen, die vorpreschen, und die, die bewahren. Es braucht die Vordenker und es braucht die, die mehr auf die Menschen und ihre Bedürfnisse schauen. Wenn die Ideen nur aus dem Kopf kommen, können sie die Menschen überfordern. Es ist wichtig, Gefühle zu berücksichtigen und auf die Beziehungen zu achten. Wenn Ideen das Team spalten, wird es nicht effektiv zusammenarbeiten können. Aber wenn man nur auf die Beziehungen achtet und jede neue Idee aus Rücksicht auf die Unruhe, die entstehen kann, verhindert, dann wird das Team auch keine Frucht bringen.

Es ist nicht immer leicht, die Spannung auszuhalten, die in einer Firma oder in einem Team herrscht. Spannungen können ein Team auch lähmen. Es braucht eben die gesunde Spannung, die Energie erzeugt. Strom wird ja auch durch Spannung erzeugt. Damit die Spannung das Team nicht überhitzt oder gar lähmt, braucht es Menschen, die in sich selbst die Spannung aushalten können. Jeder von uns hat ja in sich die beiden Pole: vorangehen und bewahren, die Orientierung an neuen Ideen und die Orientierung an der Gemeinschaft, die uns trägt. Wenn wir beide Pole in uns gut zusammenbringen, dann gelingt es uns auch, Spannungen in einem Team zur Energiegewinnung zu nutzen.

Im Benediktinerkloster hat der Abt eine starke Stellung. Er ist verantwortlich für alles. Dennoch möchte Benedikt, dass er seine Macht teilt. Da sind einmal die Dekane, die er bestimmt, damit sie die große Gemeinschaft in kleinere Gruppen teilen.

Die Dekane tragen in allem Sorge für ihre Dekanien nach den Geboten und den Weisungen ihres Abtes. Als Dekane sollen nur solche ausgewählt werden, mit denen der Abt seine Last unbesorgt teilen kann. Nicht die Rangordnung sei bei der Wahl entscheidend, sondern Bewährung im Leben und Weisheit in der Lehre.

Regel Benedikts 21,2-4

Benedikt achtet also darauf, dass die Dekane im Sinn des Abtes die Dekanien leiten. Wenn sie stolz werden und sich auf ihre Funktion etwas einbilden, soll der Abt sie ermahnen und gegebenenfalls absetzen. Das Gleiche gilt vom Prior. Benedikt ist es ein Anliegen, dass keine Spaltung in der Gemeinschaft entsteht. Offensichtlich hat er da in anderen Klöstern oder sogar in seiner eigenen Gemeinschaft schmerzliche Erfahrungen gemacht. Aber sobald Macht geteilt wird, entsteht immer eine Spannung. Es gilt, diese Spannung auf faire und ehrliche Weise auszuhalten und auszutragen. Dann wird sie zum Segen für die Gemeinschaft werden. In der benediktinischen Tradition hat man erkannt, dass es immer gut ist, wenn der Abt als Prior einen einsetzt, der nicht genauso ist wie er. Wenn der Abt streng ist, sollte der Prior eher ein weites Herz haben. Wenn der Abt ein väterlicher Typ ist, dann kann der Prior durchaus jemand sein, der mehr auf die Disziplin und Ordnung achtet. Aber diese Spannung darf nicht spalten, sondern soll zum Wohl der Gemeinschaft genutzt werden.

Gleichgewicht

Ruhe finden

Viele Menschen leiden darunter, dass sie vor lauter Arbeit keine Ruhe finden. Aber wenn dann einmal nichts los ist, können sie die Ruhe nicht genießen und wissen mit der stillen und freien Zeit nichts anzufangen. Sie empfinden Leere oder sie geraten in Panik. Denn wenn nichts ist, würden sie ja mit sich selbst konfrontiert werden. Da fangen sie lieber an, etwas zu tun, vor lauter Angst, sich mit sich selbst zu befassen. Es könnten ja Gedanken auftauchen, die unangenehm sind, etwa, dass ihr Leben nicht stimmt, dass sie an sich vorbeileben, dass sie nur noch leere Routine sind.

Jesus hat solche Menschen, die nie zur Ruhe kommen, angesprochen. Und wir können seine Worte in unsere Hektik und Überforderung, die durch unsere Arbeit ausgelöst werden, hinein übersetzen. Jesus sagt:

Kommt alle zu mir, die ihr euch plagt und schwere Lasten zu tragen habt. Ich werde euch Ruhe verschaffen.
Matthäus 11,28

Jesus spricht die an, die sich abmühen, die sich plagen, die sich selbst zur Leistung zwingen. Und er spricht die an, die schwere Lasten tragen, Lasten des Lebens, aber auch des Berufs. Sie fühlen sich überfordert. Der Druck von oben lastet schwer auf ihnen. Oder sie setzen sich selbst unter Druck, weil sie alles richtig machen möchten. Jesus spricht zu Menschen, die das Gefühl haben, sich im Hamsterrad abzustrampeln und nie zur Ruhe zu finden. Auch daheim finden sie keine Ruhe. Die Gedanken über die Arbeit gehen ihnen nach und die Probleme der Familie belasten sie. So haben sie den Eindruck, überall nur Lasten tragen zu müssen. Und sie spüren in sich die Angst, vor lauter Last zusammenzubrechen.

Jesus zeigt diesen Menschen einen Weg zur Ruhe. Er lädt sie ein, einfach mal auszuruhen, an nichts zu denken, einfach aufzuatmen und die Ruhe zu genießen. Doch Jesus weiß, dass es auch eine innere Haltung braucht, um die Ruhe genießen zu können. Daher nimmt er seine Jünger mit in seine Schule:

Lernt von mir, denn ich bin gütig und von Herzen demütig.
So werdet ihr Ruhe finden für eure Seele.
Matthäus 11,29

Wir finden nur dann Ruhe in unserer Seele, wenn wir von Jesus lernen, gütig und demütig zu sein. Gütig meint, mit einem milden Auge auf das zu schauen, was in der Stille in uns auftaucht, nicht zu bewerten, sondern es einfach in die Güte Gottes hineinzuhalten. Demütig meint den Mut, hinabzusteigen in das Chaos der eigenen Gefühle. All das Chaotische, Dunkle, Aggressive, Unzufriedene,

Ängstliche in uns darf sein. Wir brauchen keine Angst davor haben, es hochkommen zu lassen. Der Schweizer Psychotherapeut Carl Gustav Jung nennt dieses Chaos den Schatten. Wir steigen hinab in die verdrängten Aggressionen, in die unterdrückte Sexualität, in den verdrängten Neid und in die Depression. All das muss uns nicht ängstigen, denn Jesus steigt mit uns hinab. Er ist ja in seiner Menschwerdung in die Tiefen unseres Menschseins hinabgestiegen, damit wir den Mut finden, auch selbst in den Grund unserer Seele hinabzusteigen. Wir dürfen vertrauen, dass auf dem Grund unserer Seele das Licht Jesu leuchtet. Weil wir um dieses innere Licht auf dem Grund unserer Seele wissen, wagen wir es, durch das Dunkle in unserem Herzen hinabzusteigen in den inneren Raum der Ruhe und Stille, der schon in uns ist, von dem wir aber oft genug abgeschnitten sind.

Der Theologe Hubertus Halbfas hat das mit dem Bild des Brunnens erläutert. Drei Brüder wollen in den Brunnen steigen, um Wasser zu schöpfen, das sie zum Leben brauchen. Aber das Wasser ist ganz tief unten auf dem Grund des Brunnens. Der Weg zu diesem lebensspendenden Wasser geht durch das Dunkle, Glitschige, Feuchte, Unangenehme hindurch. Die ersten beiden Brüder bekommen Angst, sobald es im Brunnen eng und feucht wird. Sie lassen sich wieder mit dem Seil hinaufziehen. Nur der jüngste hat keine Angst. Er gelangt an den Grund des Brunnens mit herrlichem, erfrischendem Wasser. Wenn wir mit Jesus in den Brunnen unserer Seele steigen, dürfen wir vertrauen, dass wir das Wasser des Lebens finden. Und dort, auf dem Grund unserer Seele, finden wir auch die wahre Ruhe. Dort können wir ausruhen. Dort gelangen die lärmenden Geräusche der Oberwelt nicht hin, weder die eigenen lärmenden Gedanken noch die Wünsche und Erwartungen anderer Menschen noch ihre Kritik oder ihre verletzenden Worte. Dort unten finden wir Ruhe. Und unsere Seele wird erfrischt und gestärkt.

Benedikt sorgt dafür, dass die Mönche bei aller Arbeit immer auch Zeiten der Ruhe finden. Er reserviert sieben Zeiten am Tag für das gemeinsame Gebet. Das Beten unterbricht die Arbeit und lässt den Mönch vor Gott zur Ruhe kommen. Benedikt kennt aber nicht nur das gemeinsame Gebet, das innerhalb des Tages immer wieder Ruhepausen vermittelt. Er lädt die Mönche auch zum persönlichen Gebet ein. Dabei versteht er Gebet nicht als Leistung, sondern als den Ort, an dem der Mönch vor Gott sich selbst begegnet. Das wird deutlich in seiner Anweisung zum persönlichen Beten:

> *Wir sollen wissen, dass wir nicht erhört werden, wenn wir viele Worte machen, sondern wenn wir in der Lauterkeit des Herzens und mit Tränen der Reue beten.*
> Regel Benedikts 20,3

Was Benedikt mit diesem Satz meint, können wir nur verstehen, wenn wir ihn im Zusammenhang mit der Tradition der frühen Mönche sehen. Es geht im Gebet um die Reinheit des Herzens. Das Herz soll also im Gebet gereinigt werden von den Emotionen und Leidenschaften, die uns beunruhigen. Wenn wir davon frei sind, finden wir innere Ruhe.

Der andere Ausdruck, den Benedikt benutzt, »compunctione lacrimarum« (Erschütterung durch Tränen), bezieht sich auf die Selbsterfahrung und Selbstbegegnung. Im Gebet begegne ich meiner eigenen Wahrheit. Und die ist nicht immer angenehm. Wenn ich wirklich meinen eigenen Schattenseiten, dem inneren Chaos und der inneren Lüge begegne, dann drückt sich das in Tränen aus. Aber diese Tränen sind nicht nur Tränen der Reue, sondern zugleich Tränen der Freude über die Erfahrung eines inneren Friedens, der möglich wird, weil ich so, wie ich bin, ganz und gar von Gott geliebt bin. Diese ehrliche Selbstbegegnung, die sich im Weinen ausdrückt, verschafft mir wirklich Ruhe. Und aus dieser inneren Ruhe heraus kann ich dann anders arbeiten.

Gleichgewicht zwischen Arbeit, Partnerschaft und Familie

Man spricht heute häufig von der Work-Life-Balance, vom Gleichgewicht zwischen Leben und Arbeiten. Man kann dieses Gleichgewicht herstellen, indem man genügend Zeit für die Familie und für die Freizeit reserviert. Es ist wichtig, Tabuzeiten für die Familie und für die eigenen Bedürfnisse nach Wandern, nach Musik, nach Lesen festzulegen. Es sind geschützte Zeiten, in die niemand einbrechen darf. Die Firma hat keinen Zugriff auf diese Zeiten. Es sind heilige Zeiten, die mir und der Familie gehören. Diese heilige Zeit verwandelt auch die übrige Zeit, weil ich das Gefühl habe, dass die Zeit, in der ich mich ganz auf die Arbeit einlasse, mich nicht auffressen oder bestimmen kann. Ich habe jeden Tag auch eine geschützte Zeit. Rituale sind ein guter Weg, sich diese heilige Zeit jeden Tag zu nehmen. Dann habe ich immer das Gefühl, selbst zu leben, anstatt gelebt zu werden.

Es ist aber auch eine Frage der inneren Haltung, überhaupt einzusehen, dass solche heiligen Zeiten wichtig sind. Diese Haltung wird für mich ausgedrückt in dem Wort Jesu: »Was nützt es einem Menschen, wenn er die ganze Welt gewinnt, dabei aber sein Leben einbüßt? Um welchen Preis kann ein Mensch sein Leben zurückkaufen?« (Matthäus 16,26) Im Griechischen steht hier jeweils »Psyche«, das sowohl Leben als auch Seele bedeuten kann. Die Ursache, warum wir aus der Balance von Arbeit und Familie, von Arbeit und Freiraum für uns fallen, ist die Tendenz, dass wir die ganze Welt gewinnen wollen. Wir wollen Erfolg haben. Wir wollen die Kollegen mit unserer Leistung übertreffen. Wir wollen als Sieger dastehen. Doch vor lauter Siegermentalität verlieren wir das Eigentliche: die Lebensqualität, die Lebendigkeit, das Leben in der Familie. Und wir verlieren letztlich unsere Seele. Die chinesische Sprache hat dieses Wort Jesu gleichsam in einem Zeichen ausgedrückt. Das chinesische Zeichen für Beschäftigung ist aus zwei Bildern zusammengesetzt: dem Bild des Herzens und dem Bild des Todes. Wer zu beschäftigt ist, dessen Herz ist tot, der stirbt innerlich ab. Er verliert sein Herz, seine Seele, seine Lebendigkeit.

Der Begriff Gleichgewicht drückt nicht genau aus, was wir mit der guten Balance zwischen Arbeit und Familie, zwischen Arbeit und Zeit für mich meinen. Denn Gleichgewicht meint eigentlich, dass alles das gleiche Gewicht hat, gleich viel wiegt, dass alle Bereiche den gleichen Wert haben. Doch es geht eigentlich darum, dass das Leben in uns fließt. Die Psychologie spricht vom Flowgefühl. Die verschiedenen Bereiche sollen so miteinander verbunden werden, dass das Leben in Fluss kommt. Es kann sein, dass die Arbeit so bedrückend wird, dass auch das Leben in mir nicht mehr fließt. Jeder soll sein eigenes Maß dafür erkennen, wie viel er arbeiten kann, damit sein Leben in Fluss bleibt. Dabei kommt es nicht nur auf das äußere Maß an Zeit an, sondern auch auf das innere Maß: Welchen Stellenwert hat für mich die Arbeit? Mit welcher inneren Einstellung arbeite ich? Ich werde nur dann eine Balance zwischen der Arbeit und den anderen Bereichen meines Lebens finden, wenn alles aus einer inneren Quelle fließt, aus der Quelle auf dem Grund meiner Seele, letztlich aus der Quelle des Heiligen Geistes. Es geht dann nicht mehr nur um äußere Festlegungen der Zeiten für Arbeit, Familie und Zeit für mich selbst, sondern um eine innere Verbindung. Dann stören sich die Pole nicht, sondern sie ergänzen sich gegenseitig.

Was können wir tun, um ein inneres Gleichgewicht zwischen Arbeit, Familie und privatem Lebensraum zu finden? Ein wichtiger Weg ist für mich, auf meine Seele, mein Herz und meine Gefühle zu hören. Wenn mir meine Seele den Eindruck von Leere widerspiegelt, dann ist das ein Alarmzeichen, dass ich kurz davor bin, meine Seele zu verlieren. Dann wäre es wichtig, die Signale der Seele zu beachten. Was will sie mir sagen? Was möchte sie gerne? Wozu drängt sie mich? Oft weiß die Seele ganz genau, was ihr guttut. Sie lädt uns ein, uns einmal wieder ans Klavier zu setzen und einfach nur zu spielen, ohne Druck, jemandem etwas vorspielen zu müssen. Sie lädt uns ein, zu einem Buch zu greifen und in die Welt einzutauchen, in die uns das Buch führen möchte. Sie lädt uns ein, mit der Familie eine Wanderung zu machen und sich miteinander Zeit zu lassen. Und sie lädt uns ein, einfach mal still zu werden und die Stille zu genießen, zu genießen, dass wir einfach sind, ohne uns rechtfertigen und ohne etwas vorweisen zu müssen.

Die äußeren Rahmendaten sind für die Balance zwischen Arbeit und Familie wichtig. Noch wichtiger aber ist das Hören auf die eigene Seele, das Gespür für das, was jetzt für mich und für die Familie dran ist. Nur wenn ich den Wert der Familie erkannt habe, werde ich mir auch Zeit für sie reservieren. Bei diesem Versuch, mir Zeit zu nehmen für mich und für die Familie, kann mir das Wort Jesu eine wichtige Hilfe sein. Ich sage mir das Wort Jesu einfach vor. Dann rücken sich in mir die Maßstäbe zurecht. Auf einmal werden all die Gründe, warum ich noch mehr arbeiten und noch mehr Erfolg haben muss, ihre Macht verlieren. In meinem Herzen steigt eine andere Ahnung auf: die Ahnung, dass es um das Leben geht, um die Liebe und um die Seele. Die Seele darf nicht beschnitten werden, sie will frei fliegen, sie will atmen und mich in allem, was ich tue, beflügeln.

Auf die eigene Seele zu achten, legt Benedikt vor allem dem Cellerar ans Herz.

Er wache über seine Seele.
Regel Benedikts 31,8

Der Cellerar darf sich nicht so in die Arbeit stürzen, dass er seine eigene Seele dabei vergisst. Auf die Seele achten heißt: für die Regungen des eigenen Herzens aufmerksam zu sein und sich zu fragen, ob die Seele im Einklang ist mit Gott. Wenn die Seele getrübt ist, dann soll der Cellerar gut für sich selbst sorgen, damit er »aequo animo«, mit innerer Ruhe, sein Amt ausfüllen kann.

Noch an einer anderen Stelle schreibt Benedikt vom Achten auf die Seele. Der Abt soll die Zeiten für die Mahlzeiten so ordnen, dass die Seelen der Brüder keinen Schaden erleiden:

> *Überhaupt regle und ordne er alles so, dass es den Brüdern zum Heil dient (animae salventur) und sie ohne einen berechtigten Grund zum Murren ihre Arbeit tun können.*
> Regel Benedikts 41,5

Die Ordnung des Tages und die Zeiten der Mahlzeiten sollen so geregelt werden, dass es den Seelen der Mönche guttut, dass sie heil werden, gerettet werden und gesund bleiben. Der Abt soll also nicht auf die Effektivität der Arbeit schauen, sondern auf das Heil der Seelen.

Die Arbeit loslassen

Viele können schon während der Zeit ihrer Berufstätigkeit die Arbeit kaum loslassen, weil sie sich über die Arbeit definieren. Wenn sie abends heimkommen, kreisen ihre Gedanken immer noch um

die Arbeit. Denn die Arbeit macht ihr Leben aus. Sie vernach-
lässigen sich selbst und ihre Familie. Für diese Menschen ist die
Pensionierung ein schwerer Schritt, weil sie dann spüren, wie sehr
die Arbeit und die Rolle, die sie in der Firma gespielt haben, ihr
Leben dominiert hat. Die Arbeit hat ihren Wert ausgemacht. Sie
wurden gebraucht. Sie wurden angefragt. Sie waren wichtig für die
Kunden und für die Firma. Wenn ich pensioniert werde, kann ich
mich nicht mehr durch meiner Arbeit und auch nicht durch die
Rolle definieren, die ich bei der Arbeit innehatte. Spätestens jetzt
kommt es darauf an, wer ich als Person bin. Worüber möchte ich
mich jetzt definieren? Und was heißt das: die Arbeit loslassen?

Die Bibel zeigt uns mit der Geschichte vom Auszug Abrahams aus
seiner Heimat ein schönes Beispiel des Loslassens. Abraham war
schon 75 Jahre alt, als er aufbrach. Allerdings sagt die Bibel, dass
er 175 Jahre alt wurde. Also sind die Zahlen nicht ganz wörtlich
zu nehmen. Aber immerhin stand Abraham offensichtlich vor der
Herausforderung, entweder weiterzumachen wie bisher oder ganz
neu zu beginnen. Die Bibel spricht von einem dreifachen Auszug.
Abraham soll ausziehen aus seinem Land, seiner Verwandtschaft
und seinem Vaterhaus (Genesis 12,1ff). Die Mönche haben diesen
Auszug dreifach verstanden:

Abraham soll ausziehen aus allen Abhängigkeiten und Bindun-
gen, aus allen Gewohnheiten. Die Arbeitssituation wird für uns im
Laufe der Jahre zur Gewohnheit. Wir fühlen uns darin geborgen
und daheim. Doch jetzt sollen wir das Gewohnte loslassen. Das
macht Angst. Daher ist Abraham mit seinem Auszug das Vorbild

des Glaubens. Ich kann nur loslassen, wenn ich vertraue, dass Gott mir etwas Neues schenkt.

Der zweite Auszug ist der Auszug aus den Gefühlen der Vergangenheit. Es gibt Pensionäre, die immer nur von ihrer Arbeit erzählen, von dem, was sie geleistet und was sie gegolten haben in der Firma. Sie leben nur in der Vergangenheit. Damit blockieren sie sich selbst. Sie sind nicht offen für den Augenblick. Manche erzählen nur von den Verletzungen, die sie erfahren haben, entweder von den Verletzungen ihrer Kindheit oder den Kränkungen, die sie in der Zeit ihrer Berufstätigkeit erlitten haben. Auch aus diesen Gefühlen sollen wir auswandern, um ganz im Augenblick sein zu können. Wir dürfen uns durchaus dankbar erinnern an das, was wir bei der Arbeit geschaffen haben. Aber wir sollen uns nicht an diesen Gefühlen der Vergangenheit festhalten.

Der dritte Auszug meint das Ausziehen aus dem Sichtbaren. Die Arbeitswelt war konkret, sie war sichtbar. Da konnten wir etwas vorweisen. Jetzt sollen wir ausziehen auf etwas hin, das unsichtbar ist: auf das Geheimnis unserer eigenen Person hin und auf das Geheimnis des unsichtbaren und unbegreiflichen Gottes. Carl Gustav Jung meint, nur der bliebe lebendig, der sich auf den Weg zum unbegreiflichen Geheimnis Gottes mache, der offen sei für das Transzendente, für das, was wir nicht machen, herstellen oder organisieren können.

Die Bibel zeigt uns also mit dem Auszug Abrahams, wie auch für uns der Auszug aus der Arbeitswelt in die Welt der Pensionierung gelingen kann. Es ist letztlich eine spirituelle Herausforderung. Ich lasse vieles los, was mit mir gleichsam zusammengewachsen ist, was mich ausgemacht hat. Ich lasse meine Rollen los. Ich lasse los, woran ich mich festgehalten und woher ich mich definiert habe. Und ich mache mich auf den Weg zu meinem wahren Selbst, zum innersten Geheimnis meiner Person und auf den Weg zu Gott, der der immer neue und unbegreifliche Gott ist. Ich habe in meiner Arbeit vieles gefunden, was mich ausgemacht hat. Jetzt mache ich mich auf den Weg, um von Neuem zu suchen. Das wird nun meine Lebensaufgabe: ein suchender und ein fragender Mensch. Das hält mich lebendig. Ich bin neugierig, alles zu hinterfragen und immer mehr hinter die Kulisse zu schauen, um etwas zu erahnen vom Geheimnis des Menschen und vom Geheimnis Gottes.

Es gab im Mönchtum die Bewegung der Wandermönche, die immer weitergewandert sind, um auszuwandern aus der Welt und auf Christus hin zu gehen. Der heilige Benedikt möchte Mönche, die »stabilitas«, also Beständigkeit, geloben. Doch er übernimmt das Ideal der Wandermönche. Die wahre Pilgerschaft, das wahre Auswandern ist für ihn das Schweigen. Im Schweigen wandern wir aus der Welt des Geredes aus, aus der Welt, in der wir etwas gelten, in der wir uns ins Gespräch bringen. Und Benedikt versteht das Leben des Mönches als beständigen Weg, auf dem er immer weiter auf Gott zugeht:

Seht, in seiner Güte zeigt uns der Herr den Weg des Lebens.
Gürten wir uns also mit Glauben und Treue im Guten, und
gehen wir unter der Führung des Evangeliums seine Wege,

damit wir gewürdigt werden, ihn zu schauen, der uns in sein
Reich gerufen hat.

Regel Benedikts, Prolog 20f

Wir sollen also nie stehenbleiben, uns nie ausruhen auf dem Erreichten. Der Mönch ist einer, der immer weitergeht auf dem Weg zu Gott. Einer, der sein Leben lang nach Gott sucht, der nie meint, er besitze Gott. Diese innere Bewegung verlangt, das Erreichte ständig wieder loszulassen, auch alte Erfahrungen wieder loszulassen, um sich dem Neuen zuzuwenden. Und dieses Neue ist letztlich immer Gott, der uns als der immer wieder Andere und Neue aufscheint auf unserem Weg.

Eine neue Identität nach der Pensionierung

Der Übergang von der Berufstätigkeit in den Ruhestand gelingt nur, wenn wir eine neue Identität finden. Bisher haben wir uns großenteils über die Arbeit definiert. Wir galten etwas. Wir hatten eine klare Rolle. Wir waren Abteilungsleiterin oder Ingenieur, wir waren Schulleiter oder Lehrerin, wir waren Arzt oder Therapeutin. Man sprach uns so an. Das hat unsere Identität ausgemacht und uns Selbstvertrauen geschenkt. Jetzt fallen diese Rollen weg. Jetzt geht es darum, dass ich nur als dieser Mann oder diese Frau lebe, ohne mich über meine Arbeit definieren zu können. Das verlangt ein schmerzliches Abschiednehmen von alten Rollen und meiner alten Identität. Ich muss eine neue Identität finden. Ich muss herausfinden, wer ich als dieser einmalige Mensch bin. Da gilt dann nicht mehr, was ich geleistet habe, sondern wer ich bin. Es geht nicht mehr um das Tun, sondern um das Sein.

Die Bibel erzählt uns beispielhaft, wie Menschen, die sich verdient gemacht haben um das Volk, zuletzt abtreten und eine neue Identität finden müssen. Da ist Mose, der das Volk Israel aus Ägypten herausgeführt hat. Er musste Gott immer wieder um Hilfe bitten, wenn das Volk mürrisch war und gegen Gott rebelliert hat. Er hatte es nicht leicht, das Volk in die Freiheit zu führen, das sich wieder und wieder nach den Fleischtöpfen Ägyptens zurücksehnte. Als Mose alt geworden war, trat er vor das Volk und sagte:

Ich bin jetzt hundertzwanzig Jahre alt. Ich kann nicht mehr in den Kampf ziehen. Auch hat der Herr zu mir gesagt: Du wirst den Jordan hier nicht überschreiten.
Deuteronomium 31,2

Und er rief Josua herbei und

sagte vor den Augen ganz Israels zu ihm: Empfange Macht und Stärke. Du sollst mit diesem Volk in das Land hineinziehen, von dem du weißt: Der Herr hat ihren Vätern geschworen, es ihnen zu geben.
Deuteronomium 31,7

Mose sieht also ein, dass er nicht mehr die Kraft hat zu kämpfen. Er lässt seine Führungsaufgabe los und übergibt sie seinem Nachfolger Josua. Jetzt gilt Mose nicht mehr als Führer. Er hat seinen

Auftrag erledigt. Er hat sein Volk bis an die Grenze geführt, aber darf nicht selbst in das Gelobte Land einziehen. Auf dem Berg Nebo kann er in das Land hineinsehen, in das er sein Volk führen sollte, aber er selbst erlebt das Ziel seiner Lebensaufgabe nicht mehr. Er ist jetzt allein vor Gott. Jetzt gilt nur noch seine persönliche Beziehung zu Gott, nicht mehr seine Aufgabe. Und so stirbt er allein auf dem Berg. Die Israeliten begraben ihn im Tal. Doch

bis heute kennt niemand sein Grab.

Deuteronomium 34,6

Es gibt also keine Heldenverehrung. Sein Grab wird nicht zur Pilgerstätte der Juden. Einzig die Person des Mose mit seinen Kämpfen und seiner Bereitschaft, sich Gott zur Verfügung zu stellen, bleibt übrig.

Das ist eine Herausforderung an uns: Was soll bleiben von uns? Natürlich haben wir in der Firma etwas geleistet. Vielleicht bleibt auch vieles von dem, was wir getan haben. Doch die Zeit geht über unsere Arbeit hinweg. Die wirtschaftlichen Verhältnisse ändern sich. Vielleicht vergessen unsere Nachfolger, was wir geleistet haben. Doch jetzt kommt es darauf an, welche Lebensspur ich in diese Welt eingraben möchte, an was die Menschen denken sollen, wenn ich einmal gestorben bin. Die Bauten, die ich gebaut habe, bleiben zwar. Aber auch sie werden renoviert und wandeln sich. Was wirklich bleibt, ist der Eindruck eines Menschen, der gelebt hat, der mit anderen gesprochen hat, der sich leidenschaftlich für andere eingesetzt hat. Unser Bruder Balduin hat als Baumeister alle Bauten, die nach dem Krieg in der Abtei entstanden sind, gebaut. Er hat das voller Leidenschaft und auch mit großer fachlicher Kompetenz gemacht. Als er mit 82 Jahren sein Amt aufgegeben hatte, lebte er noch 14 Jahre als hilfsbereiter, immer offener und dankbarer Mitbruder unter uns. Und er hat uns fasziniert durch seine Treue beim Chorgebet und durch sein Interesse am geistlichen Leben. Er hat spirituelle Bücher gelesen und hat sich in geistlichen Gesprächen persönlich eingebracht. Da war er nicht mehr der Baumeister, sondern ein sensibler und liebevoller Mitbruder. Als solcher bleibt er uns in Erinnerung, nachdem er mit 96 Jahren friedlich gestorben ist.

Die Pensionierung fordert mich heraus, mich zu fragen, was ich als Mensch hinterlassen möchte. Was macht meine wahre Identität aus? Was ist dieser Mensch, der vieles geleistet hat? Was hat mich angetrieben? Was geht in mir vor, wenn ich jetzt alleine bin, ohne meine Rolle bei der Arbeit? Was möchte ich ausstrahlen? Welche Lebensspur möchte ich eingraben in diese Welt? Vor seinem Tod segnete Mose sein Volk. Darum geht es auch im Alter, dass ich die Menschen segne, ihnen Gutes sage. Gerade indem ich meine eigene Arbeit loslasse, werde ich zum Segen für andere. Die Menschen spüren dann, dass ich mehr bin als meine Leistung. Mose bleibt dem Volk in Erinnerung als ein Mann, der sich für sein Volk eingesetzt hat, der mit Gott gerungen hat, der auch zornig sein und seine Enttäuschung zeigen konnte, wenn das Volk wieder gegen ihn rebellierte. Das Buch Numeri beschreibt Mose als einen sehr demütigen und sanftmütigen Menschen, *sanftmütiger als alle Menschen auf der Erde.*

Numeri 12,3

Das Volk erinnerte sich noch Jahrhunderte nach seinem Tod an diesen sanftmütigen Menschen, der trotz seiner Führungsaufgabe immer Mensch geblieben ist, der alles in sich sammelte, was an Emotionen und Leidenschaften in ihm war, und der alles von Gott verwandeln ließ. Woran sollen sich die Menschen erinnern, wenn sie an mich denken? Was soll mein Kennzeichen sein? Darum geht es nach der Pensionierung: immer mehr dieser einmalige Mensch zu sein, als den Gott mich geschaffen hat, und meine persönliche Spur in diese Welt einzugraben.

Das, was für den heiligen Benedikt von einem wahren Mönch bleibt, ist nicht das, was er gebaut, gearbeitet, geschaffen hat, sondern die Person, so wie sie geworden ist. Für ihn kommt es darauf an, dass der Mönch im Alter immer offener wird und sein Herz sich immer mehr weitet. Was bleiben soll, ist also das weite Herz:

Wer im klösterlichen Leben und im Glauben fortschreitet,
dem wird das Herz weit, und er läuft in unsagbarem Glück
der Liebe den Weg der Gebote Gottes.

Regel Benedikts, Prolog 49

Im letzten Lebensabschnitt geht es nicht mehr um Leistung, nicht mehr um das, was wir vorweisen können. Vielmehr geht es um das weite Herz und darum, dass wir den letzten Lebensabschnitt – wie es Benedikt ausdrückt – »inenarrabili dilectionis dulcedine«, in unsagbarem Glück der Liebe, oder, wie es wörtlich heißt, »in unaussprechlicher Süßigkeit der Liebe« gehen. Das wird für die Menschen bleiben, mit denen wir zusammenleben.

Im Ehrenamt neu werden

Gerade ältere Menschen setzen sich nach ihrer Pensionierung häufig für hilfsbedürftige Menschen ein. Sie engagieren sich ehrenamtlich in den Pfarrgemeinden, in der Betreuung von Kranken und Alten, in Bibelkreisen und in den diakonischen Werken der Kirche. Sie engagieren sich in der Flüchtlingshilfe, in der Hospizarbeit und in Missionsprojekten. Ohne die Arbeit ehrenamtlicher älterer Menschen wäre unsere Gesellschaft wesentlich kälter. Sie bringen Fürsorge und Liebe in die Gesellschaft hinein. So wird ihr Leben gerade im Alter noch einmal neu fruchtbar.

Der Evangelist Lukas erzählt uns in der Kindheitsgeschichte von der Fruchtbarkeit alter Menschen. Da bekommen Zacharias und Elisabeth in hohem Alter noch einen Sohn. Alte Ehepaare können zu einer neuen Fruchtbarkeit finden. Wenn sie in guter Weise miteinander alt werden, dann sind sie ein Segen für ihre Umwelt. Und vor allem sind sie ein Segen für ihre Enkelkinder. In der Betreuung der Enkelkinder gewinnen sie eine neue Fruchtbarkeit. Die Enkelkinder fühlen sich bei ihren Großeltern verstanden, geborgen, von ihnen bedingungslos angenommen und geliebt. Und die Großeltern führen sie ein in die Tradition der Familie und in den Glauben, der sie trägt. Lukas gibt allerdings eine Bedingung an, damit die alten Menschen fruchtbar werden. Zacharias muss zuerst neun Monate lang schweigen. Er muss die Vorstellungen, die er von seiner Frau hat – dass sie alt und unfruchtbar ist –, loslassen, damit das Neue in ihr und auch für ihn entstehen kann. Es ist notwendig, die alten Bilder, die wir von unserem Leben haben, loszulassen, damit das Neue, das Gott uns zutraut, in uns wachsen kann.

Ebenfalls Lukas erzählt uns von zwei alten Menschen, die nach der Geburt Jesu eine wichtige Aufgabe haben für die Eltern Jesu, aber auch für uns, die Leserinnen und Leser des Evangeliums. Der greise Simeon und die alte Prophetin Hanna erkennen das Wesen des Kindes. Simeon preist Gott dafür, dass seine Augen das Heil gesehen haben, das Gott allen Völkern bereitet hat,

ein Licht, das die Heiden erleuchtet, und Herrlichkeit für
dein Volk Israel.
Lukas 2,32

Simeon erkennt, dass Jesus nicht nur für sein eigenes Volk wichtig ist, dass er Glanz und Schönheit in sein Volk bringt, indem er anders von Gott spricht und die Menschen wieder in ihre ursprüngliche Schönheit bringt. Dieses Kind wird auch ein Licht sein, das die Heiden erleuchtet, das die ganze Welt heller machen wird. Und er ist das Licht, das alles Heidnische in mir erleuchtet. Dieses Licht macht mir alles, was mir selbst fremd ist, durch seine Liebe vertraut, sodass es mir nicht mehr als dunkel erscheint, sondern als etwas, das zu mir gehört, das ich verstehen kann und das dadurch zum Licht wird. Und da ist Hanna, die Frau, die alles erlebt hat, was einem Menschen möglich ist. Sie war Jungfrau, dann verheiratet und jetzt ist sie Witwe. Sie hält sich nun immer im Tempel auf und lobt Gott. Als Maria und Josef das Kind in den Tempel bringen, spricht sie zu den Leuten über dieses Kind. Es erfüllt die Sehnsucht der Menschen nach Erlösung, nach Befreiung und Heilung ihrer Wunden.

Die beiden alten Menschen entfalten ihre Fruchtbarkeit, indem sie das Geheimnis des Kindes Jesus erkennen. Ihre Weisheit wird zum Segen für die Menschen. Die Fruchtbarkeit alter Menschen kann also in beidem bestehen: im konkreten Einsatz für andere Menschen, in den vielen Hilfen, die sie anderen gegenüber erbringen, aber auch in einer neuen Sicht der Dinge. Alte Menschen schauen mit anderen Augen auf die Menschen und auf die Welt. Ihre Augen sind weise geworden und sehen tiefer. Sie erkennen in den jungen Menschen, welche Gaben und Aufgaben in ihnen stecken. Und sie bringen mit ihrer Weisheit Licht in die Welt. Sie stimmen nicht in das Jammern der vielen ein, dass alles immer schlechter wird. Sie erkennen in der Welt, so wie sie ist, immer auch die Hoffnung auf ein neues Heil, auf ein Licht, das alles erleuchtet, auf Menschen, die Probleme lösen und Wunden heilen.

Simeon und Hanna waren mit ihrem Leben einverstanden. Sie verbrachten viel Zeit im Tempel, wo sie für andere Menschen beteten. Ihr Leben war fruchtbar, weil sie das tun konnten, was noch in ihrer Macht stand: für andere zu beten, für andere zu einer Quelle der Hoffnung zu werden und in das Leben anderer Licht zu bringen. Sie hatten nicht das Gefühl, nicht mehr gebraucht zu werden. Aber sie erkennen selbst, was ihre Aufgabe ist: für andere zu beten und sich mit dem eigenen Leben zu versöhnen, um so Versöhnung und Hoffnung in die Welt zu tragen. Wenn alte Menschen nur um sich kreisen, wenn sie sich einsam fühlen, weil sie nicht mehr im Mittelpunkt stehen, dann werden sie eher eine Last für ihre Umgebung. Doch wenn sie durch das Gebet sensibel werden für die Menschen, dann sind sie ein Segen für viele. So dürfen wir vertrauen, dass wir auch im Alter ein Segen sind für die Gesellschaft. Aber wir müssen wie Simeon und Hanna frei werden vom Kreisen um uns selbst und mit ihnen einen spirituellen Weg gehen, damit von uns Segen ausgehen kann.

Benedikt schreibt in seiner Regel von älteren weisen Brüdern, die eine wichtige Aufgabe in der Gemeinschaft haben. Wenn ein Bruder schwierig ist und wegen einiger Verfehlungen von der Gemeinschaft ausgeschlossen wurde, dann soll der Abt ältere weise Brüder zu ihm schicken:

> *Der Abt schicke Senpekten, das heißt ältere weise Brüder.*
> *Diese sollen den schwankenden Bruder im persönlichen*
> *Gespräch trösten und ihn zu Demut und Buße bewegen.*
> *Sie sollen ihn trösten, damit er nicht in zu tiefe Traurigkeit*
> *versinkt.*
>
> Regel Benedikts 27,2f

Ältere Brüder, die durch ihren spirituellen Weg weise geworden sind, können den schwierigen Bruder oft besser trösten als der

Abt selbst, der ja immer auch Autoritätsperson ist. Das lateinische Wort für trösten, »consolari«, meint, dass der alte Bruder in die Einsamkeit des ausgeschlossenen Bruders geht und dort mit ihm bleibt, bei ihm bleibt, damit er wieder zu sich kommt. Der ältere Bruder soll nicht moralisieren, sondern trösten. Das ist eine wichtige Aufgabe von alten Menschen, dass sie zum Trost für andere werden, weil sie den Mut haben, in alle Verzweiflung, Dunkelheit und Not anderer Menschen zu gehen und sie auszuhalten, weil sie selbst schon viel erlebt haben und daran weise geworden sind.

Zitierte Quellen

Einheitsübersetzung der Heiligen Schrift
© 1980 Katholische Bibelanstalt GmbH, Stuttgart

Die Regel des heiligen Benedikt
Herausgegeben im Auftrag der Salzburger Äbtekonferenz
© 1990, Beuroner Kunstverlag, Beuron